怪異伝承譚

—やま・かわぬま・うみ・つなみ—

大島廣志編

やまかわうみ
Yama Kawa Umi
別冊
アーツアンドクラフツ

やま●怪異伝承譚

やまかわうみ
Yama Kawa Umi
別冊
アーツアンドクラフツ

やま●怪異伝承譚

山の霊の話

山には不思議なことがあるんですよ。山にはね、霊というものがあるがね。その霊に出会うとね、動きがとれないんですよ。金縛《かなしば》りになるでしょ。その話をしますよ。

こっから向こうへ行くと元屋《がんや》（島根県隠岐郡隠岐の島町）というとこあるでしょ。今は道が下について、いいですよ。ところが、昔はあの上を通りよったんですよ。

後ろに誰かがいるんですが、振り返れないんですよ。ナタを木の切り株に打ち込むんですが、ところが逃げないんですよ。三十分も一時間近くも、自分の後ろに誰かがいる。それを振り向くこともできない。それも一時間ほどしてから、この言葉にね、こういうものを払いのける言葉、おまじないがあるんですよ。それは、父がそう言ってたんです。

「お前な、夜歩くということはいいけど、まじないの言葉を知らなきゃいけない」

ってね。

〝アブラオンケン　ソワカ〟

という言葉あるんですよ。

ということはね、八百万《やおよろず》の神様、お願いしますという言葉らしいんですよ。父が言ってました。

この言葉を三回、くり返したら、スーッと軽くなった。後ろの何かがいなくなってしまった。

〈あー、ありがたいなあ〉

と思って、いっとき仕事しようかなと思っていましたけど、まあ、きょうはこういうことだから帰りましょうと帰ったことがあります。

そういうのは二回ぐらいありました。旧道のトンネルの口、それから、岩山《いわやま》という山がある。その奥へ行った時もそういうことがあった。

（――島根県――　『民話と文学』第三四号　民話と文学の会　二〇〇六）

小河内の山姥

東京の西のはずれに、いまは奥多摩湖に沈んでしまったけれど、小河内《おごうち》村があった。そこに、むかし、こわい山姥が住んでいたんだって。切り立った岩山に住んでいて、昼寝をしていびきをかくと、その音が人里までひびいたんだって。

村では、夕暮れになって、子どもが外にいると、

「ほら、家に入らないと、山んばばあが来るよ」

と言ったり、

「悪いことをすると、山んばばあが来るよ」

などと言ったりして、たいそう恐れられていたんだって。

ある年のこと、毎日のように雨が降って、寒くて、山の実なども不作だった。

ふだんは山の中に住んでいて、山の動物や木の実などを取って食べていた山姥だったけど、食べるものがなくなって、腹がへって、腹がへって、たまらなくなった。

それで、人里に下りてくるようになって、肉のやわらかい、小さな子どもを取って食うようになったんだって。

村人たちは、

「山の奥でしずかに暮らしているうちはよかったが、子どもを食われるんじゃ、もう勘弁できねえ」

「あいつを生かしておくわけにいかねえべ」

って相談がまとまって、あちこちから、鉄砲の名人をたのんで、山姥を撃つことにしたんだって。

夕暮れになって、山姥のところに行こうと山道を歩きはじめると、人里まで、

ぶうーん、ぶーん、ぱったりしょ

ぶうーん、ぶーん、ぱったりしょ

って、機《はた》を織る音が聞こえてきたんだって。

そして、いよいよ山姥の住んでいるという、山の奥の岩屋にいくとね、ランプの明かりのところで、

ぶうーん、ぶーん、ぱったりしょ、

ぶうーん、ぶーん、ぱったりしょ

って、山姥が機を織っていた。

山姥は、頭からも体からも長い毛が生えて、それが白髪になっていて、ときどき黒い毛がまじっていたんだって。

猟師たちがそっと近づいて行くと、気配を察した山姥が、後ろを振りかえって、ぎろっとにらみつけた。その目のこわいこと。猟師たちは震え上がった。

山姥は、また機を織りはじめた。

　ぶうーん、ぶーん、ぱったりしょ
　ぶうーん、ぶーん、ぱったりしょ
猟師たちは相談して、弾の届くところまでちかづいて、山姥の頭や心臓を順番に撃つことにした。

ところが、いくら撃っても、弾は跳ね返って、山姥はびくともしない。

また山姥が振り返って、猟師たちを見わたして、こんどはにやりと笑った。

そして、山姥の織る機の音は、
　ぶーん、ぶーん、ぱったりしょ、ぱったりしょ、
　ぶーん、ぶーん、ぱったり、ぱったり、ぱったりしょ
しだいに早く、はげしくなってきたんだって。

「もう最後の一発だぞ」

「これで撃ち損じたら、こんどはおれたちが襲われるぞ」

猟師たちは頭をよせて、この最後の一発でどこを撃つか、相談した。

「いままで急所を撃ったつもりでも、だめだったんだ」

「最後の一発で、あの明かりを撃とう」

ということになって、一番腕のいい猟師が、明かりを撃った。

すると、大きな音がして、山姥が岩屋から谷にころがり落ちた。

「逃げろ！」

猟師たちは、一目散に家に逃げ帰った。

次の朝、猟師たちは、こわごわ山姥をさがしに行った。

すると、山姥は、谷底に転がって死んでいた。

あの明かりが、山姥の急所だったんだって。

「こんなでかい、すごいやつがいたんじゃ、子どもはみんな食われちまうところだった」

「だが、これをこのまま埋《い》けたんじゃ、いつまた、よみがえるかわからねえ」

「そうだ。細かく切り裂いて、ばらばらにあちこちに埋めよう」

ということになって、村人たちも集まって、山姥を四十二に切ったんだって。

それで、「頭はここに」「右手はここに」「心臓はここに」というふうに、村のあちこちに分けて埋めて、そこに石の塚をおいたんだって。

小河内ダムができて、奥多摩湖ができるまでは、その塚はあちこちにあったんだけど、いまはそのほとんどが湖に沈んでしまったんだって。


（――東京都――　高津美保子責任編集『藤原ツヂ子の語り』悠書館　二〇一三）

地獄谷の山姥

大野郡荘川村六厩《ろくきゅう》の奥に地獄谷という深い山があり、昔、大勢の杣《そま》が入って木を伐り出していた。その地獄谷の下流に女滝という幅の広い滝があって、その近くに杣小屋があった。

ある年の暮れ、杣の一人、徳助は越中生まれで身寄りがなかったので、仲間の者が帰り支度をしているのに、ひとりさびしそうにしていた。杣頭が一緒に正月をするようにとすすめたが、残って小屋番をするといって断わる。

徳助はみなが残していった少しばかりの米で、ごへいもちをつくって御神酒とともに、山の神と氏神様へ供え、正月を過そうとしていた。

その時、凄い顔をした痩せた女が入ってきて、徳助が呑みかけていた酒の徳利をとりあげて、ぐいぐいと呑んだ。飯も汁もひとりでたいらげてしまって、

「これだけか」

といった。徳助は口もきけず、ただ、がたがたふるえるばかりであった。

女はあたりを見まわし、神棚の御神酒を見つけて、これをおろして呑もうとした。その時、外から一人の老人が入ってきて、御神酒の徳利をとりあげ、

「これはおれの分じゃ」

といった。するとまた一人の若者が入ってきて、もう一本の徳利を、

「これはおれの分じゃ」

といってひったくる。

女は、にわかに壁をバリバリッと打ち破って、姿を消した。

二人の男に、「年越しにひとり、小屋にいるものではない。送ってくれるから里へ帰れ」といわれて、徳助は荷物をまとめ、松明をともして六厩へ帰った。

その女が地獄谷の山姥であるという。月の美しい晩に、よく女滝の下の渕で髪を洗っていたという。

(――岐阜県――　『荘川村史』下巻　荘川村史編集委員会　一九六八)

酒買いに出る山姥

千国（長野県北安曇郡小《お》谷《たり》村）の暮れ市は旧十二月の十九、二十の両日で、二十五日は魚市であったといった人もある。この暮れ市に山姥《やまんば》が買物に出たという話がある。

山姥は市日の早朝に上手《わで》酒屋《ざかや》へ来て、酒をくれという。これへ五升注《つ》いでくれといって瓢箪《ひょうたん》を出す。これじゃ三合ばかりしか入らぬじゃないかというと、何大丈夫だとすましこんでいるので、試して入れて見ると五升はおろか、らくらくと入ってしまう。店の者は不思議に思って、お前はいったい誰だときけば、

「俺はこの山奥に住む山姥だが、もし俺が来られぬ時には誰を代わりに寄こしても酒を売ってくれ」

といって帰って行く。

山姥が出ると市の相場が下がるという。

「どら、山姥が出たっちゅうで今年は安いぞ、明日は買い出しに行けっちゃといったもんです」

（――長野県――　小池直太郎『小谷口碑集』郷土研究社　一九二二）

山婆を殺す

西浦《にしうら》（沼津市）のある家にまだ年若い娘があった。そしてその娘は毎晩のように藤をうんで（さいて）は糸にした。

するとと毎晩のように何処からともなく山婆がやって来て、「わたしも手伝わず」といっては藤をさいて手に巻き、一ぱいになるとはずして、そのはじを火に焼き灰を手のひらへ落しては、それをガクッと一のみにし吐き出すと、もう美しい藤の糸が出来ていた。山婆はそれを束にして「今夜も一つチャンコロリン」といっては二階にほうり上げた。そして娘とすっかり仲良しになって、毎晩来ては藤をうんだ。

しかし後で見ると、二階には糸も何もなかった。家の人達は、これはきっと山婆が娘を何処かへ連れて行って食べるに違いない。そうならない前に山婆を殺さなければ、と思って色々考えたあげく、毎晩仕事の済んだ時に出す茶玉（だんごに茶の粉をふりかけたもの）の代りに、それに色も形もよく似た川石を拾って来て、それを焼いてこれを食べさせることにきまった。

その晩も相変らず山婆はやって来て同じように藤をうんだ。家の人はその間一生懸命石を焼き、さていよいよ帰るという時になって、いつもの茶玉のようにその石を山婆の手にのせてやった。そして、あつくはないかと聞くと、一寸もあつくはない、といってそれを一のみにして仕舞った。

ところが、そんなあついものがお腹の中へ入っていったからたまらない。山婆はあついあついといって狂いまわり、何か冷たいものをくれといった。そこで家の人達は、大急ぎで油を飲ませたからなおさら山婆は狂いまわり、ついにお腹が大きな音を立てて破裂して死んで仕舞った。

その家は今も残り、しかもその罰で働いても働いても貧乏を続けているという。

（――静岡県――　静岡県女子師範学校郷土史研究会『静岡県伝説昔話集』谷島屋書店　一九三四）

山女郎の祟り

四万十川《しまんとがわ》上流地方は農耕地が狭く、昔は農業より木材、薪炭、紙すきを本業とした百姓が多かった。なかでも炭焼き業が多かった。

炭焼きというのは、窯《かま》に火入れをしてから、出来上がるまでの時間が一定しないために、昼夜兼行である。ここに義吉という熱心な炭焼きがあり、夜は人が寝静まってから帰り、朝は人がまだ寝ているうちに家を出るという精進ぶりであった。

山で泊ることもしばしばであった。ある朝早く山から帰った義吉が、女房の空けた寝床へもぐり込むので、驚いた女房が、

「お前さんは何時《いっ》もと違うがなしぞえ」

と布団をもち上げ顔を覗くと、顔は真青でブルブル慄《ふる》えている。やっと昼近くに起きて、義吉は女房に語ったという。

「昨日の朝早くから炭を出して、その跡へ木を入れ始めたが遅くなり、やむなく炭窯の入口へ菰《こも》を吊

して中で寝た。

夜ふけに小便を催して目が醒《さ》め外へ出ようとすると、入口の菰を上げて女の顔が覗き、紅い舌を出している。それが奇妙な声でケタケタ笑う。笑うたびに長い舌が、おらの顔に届きそうで恐くて寝るどころじゃなかった。小便も着物へたれてしもうた」

それ以後、義吉は床を離れることはできず、間もなく死んだそうだが、村の人達は義吉のことを山女郎に肝を吸われたのだと伝えている。四万十川の上流には女郎山と称する山が所々にある。

（――高知県―― 『季刊民話』第三号 民話と文学の会 一九七五）

山女郎を女房にした男

　昔、奥屋内村に定次という醜い男がいた。猟師で、無口で、稼ぎも定まらず、娘達も嫌って寄りつかず、今年で歳は四十一になったが、いまだに女房がない。家は岩窟の傍らに木と竹と茅《かや》で、へいいを立てかけてあるくらいの粗末なものであった。

　ある夕方、帰って見ると見知らぬ女がいて、夕飯の仕度をして待っていた。無口な定次は、その女の整えた食事をことわりもせず食って食い終えると、そのまま横になって寝た。朝早く目をさますと、昨夜の女はいなかったが、朝飯の用意と弁当は出来ていた。定次は女の作ってあった食事をして、作ってあった弁当を持って猟に出かけた。その夕方も夜になって帰ると、女が夜の食事を作って待つこと昨夜と同じであった。

　そして三日目、無口な定次もやはり男であったのか、暗黙の内に女との交りをした。翌朝は、定次も特に疲れて寝すごし、目を醒まして見ると、女はおらず作った食事は冷たくなっていた。定次は口にこそ出さないが、心の内では、朝早くからまめまめしく働く女房と思いこみ、自分でも以前より働くようになった。そして夫婦のような暮らしが五カ月ほど続いた。

女は定次の胤《たね》を宿したようであった。定次の交りの誘いにも応じなくなり、日が経つほどに、ある夜中、怪しいあか児の泣き声がした。定次は夢うつつの中で、その声の遠ざかってゆくのをおぼえているが、どうしても起きることが出来なかった。朝になって目醒めた時には、女も、あか児もいなかった。無口で変り者の定次も、この怪しさに耐えかねて、土地の寺を訪ねて僧に一切を打ち明けた。

お寺の僧は、定次の家へ来て見て驚いた。寝床には野猿の毛がうず高くつもっていたが、定次は、それに気付かなかったらしい。

定次と野猿との間に生れた幼猿は、山女郎となり育って、周辺の里人を弄《たぶ》らかした時もしばしばあったという。奥女郎、口女郎等の字名の山が所々にあるのは、この民話の名残でもある。*
＊昭和三年当地より赴任した小学校教員中脇福次氏が祖父より聞いたという民話。
（――高知県――　『季刊民話』第三号　民話と文学の会　一九七五）

七つ目の切り返し

上山の戸長をつとめた四手ノ川村永井家の婆さんの話である。

川登《かわのぼり》村（四万十市）の奥の官山《かんやま》で山仕事をしていた山師が、一日雨のそぼ降る日に仕事を休み、山小屋で手斧の柄を削っていた。そこへ子を抱いた女が現れ、山師のそばへ寄って盛んに子を泣かすので、

「なぜその子は泣くや」

と問うたところ、

「この子はお前が削りよる鉋歯《かんなば》が喰いたいというて泣くがじゃ」という。

そんなら鉋歯をやるといって差出すと、子はまたたくうちに鉄の鉋歯を喰ってしまった。そしてまた泣くので別の鉋を与えると、むしゃむしゃとたいらげてまた泣く。女は山師の手斧をちらりと見やりながら、

「この子は手斧《ておの》も喰いたいというとるがじゃ」

という。

よし、それならと手斧を渡すと、子はいきなりかぶりついたが、堅くて喰えんと投げ出した。

そこへ忽然とひとりの坊さまが現れ、そこにいた女を叱りつけた。女を小屋の外へ追いやると、坊さんは山師にいった。

「恐ろしいことであったぞ。手斧の次にはお前が喰われる番であった。だが、お前の手斧には七つ目の切り返しがあるけに、それが魔おどしになった。おかげで助かったのじゃ」

昔から手斧の七つ目の切り返しは大切な魔除けであるとのいい伝えである。

（――高知県――　『季刊民話』第三号　民話と文学の会　一九七五）

大きな手

昔、広川町の津木に住む男が、鹿ヶ瀬《しかがせ》峠*へ猪を撃ちに行った。いつもなら何頭かとれるのに、その日はどうしたことか一頭も出てこない。しかたなく引き返そうとすると、にわかに空が曇って、雨が降りはじめた。男は炭焼小屋の方に向って走ったが、いつのまにか道に迷ってしまった。

山の中を駆けずり回っているうちに、くずれかけた小屋があったので、そこに駆け込むと、思いがけず一人の老婆が火をたいており、

「上がってあたりな」

という。男は火にあたりながら老婆の手を見てびっくりした。たき木を投げ込むたびに手が大きくなり、やがて背丈程もある大きな手になった。

男は悲鳴をあげて小屋を飛び出し、一目散に山を駆け下り、ふもとの農家に飛び込んだ。その家には若い娘がいて、かまどに薪をくべていた。男は娘に山小屋で見た老婆の手のことを話すと、娘は、

「その婆さんの手はこれくらいでしたか」

といって自分の手を見せた。その手はだんだん大きくなって、やがて婆さんの手よりも、もっともっと大きくなったという。

＊和歌山県日高郡日高町と有田郡広川町の境にある峠。

（――和歌山県――　『民話と文学』第七号　民話と文学の会　一九八〇）

舌を抜き取る

山奥（栗原市）の炭焼小屋に男たちが大勢して泊まっていた。まん中の炉をかこんで、丸くなって寝こんでいた。

夜中に人間の女の声がするので、みんなして目をさましてみれば、身なりもちゃんとして、髪も美しく結った若い女子《おなご》が入ってきて、

「道に迷って困っているから今夜ここに泊めてくれろ」

という。ひとりの年かさの男は、こいつは油断ならない女だといって、

「泊めることなんねえ」

といったけれど、若い男たちは、

「まず、いいから泊めろ、泊めろ」

というので、女を泊めることになった。

年かさの男は蔭でこっそりと斧を研いで、その斧を腰にぴったりとあてておいた。そのうちに疲れ

がでてうとうと眠りこんだ。

ぴいぴいと叫ぶ声で目をさましてみると、女が若い男の口に手をつっこんで、舌を抜き取ろうとしている。

年かさの男は斧をにぎって女にとびかかり、一発くらわせると、女は悲鳴をあげて倒れた。

ムジナは人間の舌を喰うというから、これはきっとムジナが女に化けて来たにちがいないと思ったが、倒れた女はなかなか正体をあらわさないので、しばって軒につるしておいた。

そのうちにだんだん心配になってきた。これはひょっとするとほんとうに人間の女だったのかもしれない、たいへんなことになった、と思っていると、夜が明けて太陽の光がさっとあたった。すると女の姿はみるみるうちに一匹のムジナにかわった。


（——宮城県——　『季刊民話』第七号　民話と文学の会　一九七六）

大きな柳の木

ちょっと昔のこと、山の谷間の村に、大きな柳の木があった。そして、その川むこうには、ほそくて形のいい柳がもう一本、見つめあうように生えていたんだって。

あるとき、五、六人の、きこりたちが、たのまれて、その大きな柳を伐ることになった。なんでも、船にするとか。

きこりたちは前の晩から山小屋に泊まりこんで、朝から仕事にかかることになっていた。夜もふけて、

「あしたは朝が早い。そろそろ寝るか」

と言っていると、山小屋の戸をたたくものがある。

「こんな時間に、いったいだれだろう」

そう言いながら、戸を開けると、ほっそりとしたきれいな女がたっていて、

「あのう、あした、あの大きな柳の木を伐ると聞きましたが、どうか、伐らないでください」

と言うんだって。

「なにを言うんだ、おれたちはあの木を伐って、金をもらうんだ」

「やとわれ者のおれたちに、そう言われたって困るよ」

そう言って、きこりたちは、とりあわなかったが、

「お願いです。どうか、あの木を伐らないでください」

と、女は深ぶかと頭を下げ、さらに、そばにいた若いきこりの手をとって、すがるようにたのんだ。

「さあさ、とっとと帰ってくれ。あしたは早いんだから」

女は、男たちに追い立てられながらも、

「どうか、どうか、あの木を伐らないで！」

となんども言って、帰って行った。

まもなく、男たちは寝息をたてはじめたが、若いきこりは、女のことが気になって、なかなか寝つけなかったんだって。

つぎの朝、予定通り、柳を伐る作業がはじまった。

ところが、のこぎりの歯が折れたり、曲がったりで、うまく伐れない。なれたはずの男たちが首をかしげた。

日が暮れることになって、ようやく半分まで伐りすすんだ。

「きょうは、これまでにしよう」

そう言うと、男たちは、山小屋に引き返した。

その晩、男たちがそろそろ寝ようとしていると、またあの女がやってきた。

「もう一度、お願いにきました。どうか、あの柳を伐らないで！　伐ったら、ただではおきません」

女はこわい目をしてそう言うと、帰って行った。

つぎの朝、きのうの続きの仕事をしようと、男たちが柳の木のところに行くと、なんと、伐ったはずの柳が、のこぎりの痕ひとつなく、元どおりになっていたんだって。

「こ、こいつは化け物だ！」

きこりたちは気味わるがったが、今さらやめるわけにもいかない。気をとりなおすと、もう一度はじめから、伐りはじめた。

この日もなかなか仕事ははかどらなかったが、最後には太いなわを巻いて引き、あたりが暗くなるころ、ようやく大きな柳は伐りたおされた。

雪がぱらぱらと降りはじめた。

きこりたちは、大仕事を終え、山小屋で飲めや歌えのさわぎとなった。よっぱらって、うたた寝をはじめる者もあった。

だが、若いきこりはいくら酒をのんでも、あの女のことが気になって仕方がなかったんだって。

その時、小屋の片隅がぽっと明るくなったかと思うと、あの女が立っていた。

「あんなに頼んだのに、柳の木を伐ってしまった！」

女は、こわい目をして男たちの方にやってきた。

若い男はあわてて、戸のかげにかくれた。

女はそれには気がつかずに、うたたねをしていた一人のきこりにむかって、細くてしなやかな腕をふりあげ、すっと顔をなでた。

すると、男はそのまま凍ったようになって、死んでしまったんだって。

残りの男たちは、おそろしさでわなわなふるえながら、逃げまどったが、女は腕をムチのようにふるって、男たちをつぎつぎ殺してしまった。

そのさまを、若い男は戸のかげで息をひそめて、ぼうぜんとながめていた。

そのうち、女は山小屋から出て行った。

十年以上の年月が流れた。生き延びた男は、あの村から遠くはなれた町へ行って、ひっそりと暮らしていた。山小屋でのおそろしいできごとに、うなされることもなくなってきていた。

そんなある晩、男の家の戸をたたくものがあるんだって。

男が戸を開けると、目の前に立っていたのは、忘れもしない、あの女だった。

「ずいぶん、おまえをさがしました。あのときはよくも柳の木を伐りましたね。あれはわたしの夫だったのです」

女はそういいながら、あの晩と同じこわい目をして、男ににじりよってきたんだって。

男はあわてて外ににげだしたが、うしろから女の白い腕がぴしゃりと男の首にまきついて、男はその場で死んでしまった。

(――東京都―― 高津美保子責任編集『藤原ツヂ子の語り』悠書館 二〇一三)

隠里に行った人の話

昔鬼柳《おにやなぎ》村（岩手県北上市）に扇田甚内という人があった。ある朝早く起きて南羽端《はし》の上を見ると、そこに若い女が立っていて甚内を手招きした。甚内は不審《いぶか》しく思って見ぬふりをして過していたが、そんなことが二三朝続いたので、なんだか様子を見たいと思って、ある朝その沼のほとりに行ってみると、齢頃二十ばかりの容顔佳き若い女が、私はあなたと夫婦になる約束があるから、これから私の家へ来てくれ、というて笑いかける態、実にこの世に類のないようなあでやかさであった。

甚内もそう言われると思わぬ空に心を惹かれて、われともなく女のあとについて二三十歩がほど歩むと思うと、早や見たこともない世界に行って、山のたなびき、川の流れ、草木のありさま、常と異なり景色がめっぽうよろしい。そのうちにここは吾家だというについてみれば男などは見えぬが、美しい女達があまたいて、今のお帰りかとみな喜び吾を主のように尊敬する。甚内も初めのうちは変でならなかったが、ついには打解けてその女と妹背《いもせ》の契りも結んだりなんかして大切の月日を送っていた。だが月日がたつに随って、どうも故里の妻子のことがとかくに胸に浮んで仕方なく、そのことを女にいうと女はいたく嘆いて、私はお前がおらぬ間をば有徳富貴《うとくふうき》にしておいたから家をば案じてくださるな、いつまでもここにいて給われと掻口説《かきくど》いて困る。けれども一旦とにかく行って本当にいとま乞いをして来て、心おきなく夫婦になろうということになって、やっと許しが出て甚内が家にかえることになる時、女は必ず吾々の様子を人に語ってくれるな、語ったらもう二度と逢われぬと泣き、心もとなしと言っては泣く。それをやっと納得させて家に帰った。

わが家に帰って見ると、ただの一ヵ月ばかりと思っていたのが三年の月日が経っていたとて、親類一族が集って村の正覚寺の和尚までも招《よ》んで自分の法事をしている真最中に上った。そしてほんにあの女がいった通りに自分のいぬうちに前よりはずっと身代もよくなっていた。寄り集っていた人々は驚き、家ではお前さんが死んだものとばかり思ってこんなことをしていたが、今までどこに行っていたと口々に問い糺《ただ》す。そら仙北へ水戸へ仙台へと初めのほどは言ったが、どうも辻褄が合わぬ話ばかりである。後に女房にうんと恨まれてついに実を吐くと、その言葉を言い終るやいなや甚内の腰が折れて気絶した。その後は不具廃人となって、その上に以前の貧乏になり返って、つまらぬ一生を送った。

その当時、甚内の隣家に関合の隼人という男が住んでいて、このことを聞き、甚内こそ愚かで口惜しいことをしたものだ。己れなら一生帰らずその美しいのと睦まじく暮すがと言って、又そう心中に思って、毎朝羽端の方を眺める癖をつけた。するとある朝、羽端山の蔭から女が手招きしているのを見つけたので思うこと叶ったと喜んで飛んで行ったが、狐に騙され、馬の糞を食わされて家に帰った。

(――岩手県―― 佐々木喜善『農民俚譚』一誠社 一九三四)

登戸《のぼと》の婆さま

むがす。

どごでも昔は、わらすっこだどが、若ぇ娘っこが、夕間《ゆうま》っ方、外さいるど、よーぐ神かぐすにあったんだど。それは、遠野（岩手県遠野市）でも同じだ。それも、一人や二人でねえじぇ。なんぼも神かぐすにあった者、いだったんだど。

遠野の松崎村登戸《のぼと》ずどごに、美すう娘っこのある家、あったずもな。

ある時、やはり夕間っ方たったずが、その娘っこ、梨の木の下さ、ぞうりを置いだまんま、ふっと、いなぐなってすまったんだど。

「さあ大変だ」

ずので、たんねだず（捜した）、たんねだず。家の人だぢばかりでね、村中総出で、たんねだんだど。

ほだども、なんぼたんねでも、どごたんねでも、いねがったず。

家の人だぢも、仕方ねもな、泣ぐ泣ぐあぎらめで葬式だしたんだど。

そんたなごどあってがら、しばらぐたった時、なんと、三十年あまりも、たった時だったず。ある時、その家で集まり事があって、ご法事でもあったんだべが、親類だぢどが、辺りの人だぢどがが、みなして集まってらったんだど。

その日は、ビュービューど風の吹ぎあれる、まんず寒い日だったず。ふいに、戸口がスゥーと開《あ》いたんだど。家の中さ、冷てぇ風がビューと入ってきたず。

みなして、

「あや〜、何だべ」

ど思って、戸口の方を見だず。

そしてば、一人の婆さま、入って来たんだど。杖ついで、よろよろど、入って来たず。みな、たんまげだずもな。なにせその婆さま、まるで山姥《やまんば》のうんたったんだど（ようだった）。長え白髪《しらが》はバランバラン、着てる物はボロボロで、汚くて、裸足《はだす》だったず。

家の人が、おそるおそる、

「お前さん、どごのだれなのす」

って聞いでば、その婆さま、

「おれは、この家の者だ。なに、三十年にもなんが、この家がら、いなぐなった、この家のむすめだ」

って言ったんだど。

そしぇば、そごさいだ者の中には、その娘っこのごどを、まだ覚ぇでる者もいだったずす、話には聞いだごどもあるず者も、いだったんだど。

みな、たんまげで、

「さでは、この婆さま、あの時いなぐなった、あの娘っこなんだな」

ど思って、見だず。

家の人が、

「何して帰って来たのや」

って聞いでば、婆さま、

「おれ、久すぶりに、みなさ、会いたぐなって、帰って来た」

って言って、しげしげど、みなを見回したず。それがら、

「こうやって、みなさ会うごどでぎだがら、まだ行ぐ。みな達者でいろよ」

って、出はって行ったんだど。ビュービューど風の吹ぎあれる中、どごさ行ぐんだが、まだ、よろよろど歩って行ったず。

そごさ居合わせだ者は、みな、声もなぐ、ただただ見でらったず。

それがらどいうもの、遠野の人だぢは、今でも、風がうーんと吹ぎあれる、寒い日には、

「今日は、登戸《のぼと》の婆さまが、帰ってきそうな日だな」

って言うんだどさ。


（——岩手県—— 米屋陽一責任編集『大平悦子の遠野ものがたり』悠書館 二〇一四）

山にはいった狂女のこと

それは昭和十六（一九四一）年の春だった。季節のかわりめになると、毎年のように気のくるう五十女が、夫になぐられたのがもとで発病し、山にはいったきり、なんにちも帰らないという事件がおこった。

これも、ついには村中総出で山狩りをすることになった。すると、かの女が家をでるときに着ていたあわせと、じゅばんが向山の尾根から発見された。

そこで、その辺を中心に山狩りを行なうと、じゅばんの発見されたところから約六百メートルほどもくだった、地獄谷の清水のわくあたりにうち伏していた。

家出をしてから四日もたち、そのあいだには雨が降っているにもかかわらず、それほど弱っているようすもなく、発見されたつぎの日には、もう元気になって近所をしゃべりあるくようになった。

彼女は、ミズという野草をとっては食っていたのだそうである。衣類を捨てたのは、雨にぬれて気持がわるいから、乾かそうとして地面にひろげ、そのそばに寝そべっていると、急にひとの話し声が聞こえてきたので、あわててやぶの中に隠れた。そのため、それを持ち去るひまがなかったということだった。

人々が着物を見つけて大さわぎをし、やがて、それを持ち去るのを見ていたが、そのなかには夫もいたから、また、なぐられるかとこわくて、出てゆく気がしなかったのだともいった。

かの女の歩いた道には、ところどころにカヤ草が輪のようにむすんであったり、野生の草花でつくった花輪めいたものが、さげてあったりしたので、捜索隊のものは、彼女の足どりを探すめじるしになるといって喜んだのであるが、あまりたくさんありすぎたため、あとでは、かえってまよわされる結果となり、

「こんなところも歩いた」

「あんな場所も通った」

と奔命《ほんめい》に疲れるしまつだった。

彼女の話によると、歩きつかれて休むたびに、じぶんにさきだって死んだ娘や両親の霊に手向けようとおもって作ったものだ、という。

その話をきいたものは、ひとしお同情の念を禁じえなかったのである。

（――山形県―― 戸川安章『羽黒山二百話』中央企画 一九七二）

山の神の天罰

実はね、それはね、うんと猟の好きだったちゅうことは、よくある猟の上手で、好きだったわけだ。そいで、その人はね、そのくれえだからな、だいたい大物が好きちゅうわけ。そいだから、鳥やなんかはあまり撃たなかった。猪とか鹿とかちゅうのを撃つのが好きちゅうわけね。

そいで、あれだよ、猪なんかどうしても富士の裾野へ行かなきゃだめっちゅうわけ。富士の裾野へ行ってな、だいたい雪の中でな、あの、見どころな小屋をつくってな、そこへ一月《ひとつき》も頑張ってなきゃ取れねえだ。

そういうようなこんでね、猪を取りに行ったところがな、その、でけぇやつにぶっついたっちゅうわけだ。ところがそいつな、撃《ぶ》ったら、早く言ゃあ、撃ち損なったっちゅうわけ。一発で仕留めなきゃあ、あばれて向かって来るっちゅうわけだ。

話はそういうこんでね、そいで猪に急所はずしたから向かって来《き》られた。ほいで、向かって来たから、しょうがねえ、鉄砲で受け止めて、押えたちゅうわけだ。ところが、その人、うんと力あるだけど、猪はでけぇから、とてもとても。猪に負けそうになったちゅうわけ。

その時、山の神様に祈っただ。

「へぇ、これで猟はおしめぇにするから、是非《ぜし》猪に勝たしてくれぇ」

その山の神様に言ってな。まあ、鉄砲で押しっくらしながら、お願《ねげ》ぇした。

そしたら、まあ、猪もいくらか血も出たりしたぁずら、きっと。それでな、とうとう勝っちまった。

ほいでなあ、勝って、そいつ持って来て、そいで、そのまんまだったらよかったちゅうわけ。

そしたらな、またいいあんべぇの雪が降ったちゅうだよ。あの人達にゃ、いい雪だ悪《わり》い雪だっちゅうことが分かるわけだ。ほいて、早《はえ》ぇ話が山の神様にお約束したぁことは棚上げになっちゃってな、出かけてったちゅうだな。

今度は帰《けえ》ってこねぇからちゅうで探しに行ったら、雪の中で立往生していた。うん、それっきりだ。もう立往生したきり。

（——山梨県——　富士吉田市郷土館『富士吉田の昔話・伝説・世間話』富士吉田市　一九八五）

檜原村《ひのはらむら》の天狗

よくあるのよ。すごく上の方から大きな岩がガラガラガラーって回ってきたと思ってね、そうすっと何でもないの。

それから大きなものがパッと飛び出したかと思うと、上へ飛んで、バサッと下へ落ちたかと思うと、何でもない。そういうのがあるのね。

それ、お父さんに聞くと、「ん、そりゃあ天狗だわ」って。

そういうふうに上の方からすごい岩が回ってくるから、どうしよう、どっちに逃げようなんて思っているど、パタッって止まっちゃうことがあるのね。大きなゴーゴーとすごい風が吹いているかと思うと、全然吹いてないこともあるしね。

山の家だから、色んなそういう幻みたいのが起きるんじゃないのかな。

天狗はいたずらはするけど、悪いことはしない。

だから木を一生懸命切って、カラカラカラカラカラ回して、木を落とす音がすると、よほど大きな木が落ちてくるんじゃないかと思えば、途中で何でもなくなるし。

夜ね、だいたいは。

昼間、砂つぶがパラパラ降ってきたりするのは、天狗さまが向うの岩とこっちの岩に手ついて、砂がついたやつをパッパと払ったから、下へ落ちてきたたって。

天狗は大きいのよ。向うの山とこっちの山をひとまたぎしたり、岩と岩の間に手をついてビューンと跳び上ったりして、手についている砂を振り払った。それがパラパラ落ちてきたたって。

天狗は大きくなったり小さくなったり。大人が山へ踏み込んで迷うでしょ。そうすっと一緒に大きな岩をひとまたぎにしたり、川の広いところをすっとんで歩いたっていうから、よほど大きかったんでしょう。

で、山だってひとまたぎにして宙を歩いたから、「おれは見ててておもしろかった。もう一度天狗さまに連れてってもらいたい」なんていう人がいて、本当にうそつく人だと思ったけどね。父親から聞いたからもっとおもしろいんだけど。

「あの人だぜ、行ってきたのは」

って。

そうすると、そのおじさんがね、またすごいホラ吹いて教えるから、ほんとに信じちゃうのよ。

「天狗さまがな、うどんをくれたら、うまくて、あんまりうまいからな、ポケット入れて持ってきて、よーく見たらそれがなあ、みんなミミズだったんだよ」

っていうの。

「どんなかっこうしてた？」

ってきくとね、大きなうちわ持っててね、そうして少しうちわを扇ぐと、ポーンと上へ飛び上がって、上へポーンと飛べたんだって。そのうちわで。

「で、足はなに履いてた？」

って聞くと、

「一本きりないゲタのこんな高いゲタ履いてた」

って。

そういうおもしろい話をするおじさんがいたんだよね。一番奥の愛子さん家《ち》のおじいさん。


（――東京都――　『民話と文学』第二七号　民話と文学の会　一九九五）

天狗にさらわれた爺

林右衛門という人が、もの凄い信仰心の篤い人なの。けど、黙《だんま》りでね、「うん」と言うだけの無口でね。ちょっともしゃべらんの。

お婆がね、盲目だったの。それが何でもやったの。お勝手から掃除から何からね。目が見えんのにね。

そして息子がね、一人息子がね。もの凄い器用な人でね。お母さんは目が見えんで、裁縫はできんやろけどね。昔はももひきはいたでね。ももひきをね。紺のきれをナタで型とって縫ってね。自分がはいとって。それが人にも、作ってやったの。みっともええもんじゃないわね。

そしてまたその嫁さんが、もの凄い美人でね。その人をまた、大事に大事にね。ほして、畑へ行くときにでもね、手をつないで行くくらいにね。お茶摘むでしょ、お茶摘むときはおゆうという人やったが、

「おゆうも、なんやでな、日にあたるとあかんで」

ってね。日傘持ってね。やさしくて、並んでお茶を摘むくらいの人やった。田植えの日に人がみな来てくれるで、嫁さんは田んぼへ行かんならんし。お婆がね、なんとかしてわしも間に合う（役に立つ）ことやりたいと思ってね。ほいで、ご飯をいつもよりよけい炊いて、お汁《つい》も炊いて、お昼の支度をしといて、ご飯をお櫃《ひつ》に移し替えよと思ったら、平生のお櫃に移し替えんのよ。たくさん炊いたもんで。ほいで探いて、探いとっても、お櫃をよう探さんで。こりゃ、丸いもんがあるで、これやろうと思って、牛の飼葉入れにお櫃やと思って、それへご飯替えておいたって。ほいで嫁さんが、まあ早うお昼の支度せんならんで、あわてて帰ってきたら飼葉桶にご飯が出来とったで、

「ご飯を炊いてくれたたな。ありがとう」

ちって（と言って）牛の飼葉桶のことはちょっとも言わずに黙って。ほして、陰でまん中のええとこをとって、みんな手伝いに来た人も食べさせて何したけども。

ほしたら門《かど》にな、ターンと大きな音がしたもんやで、なんじゃしらんとみんなでとび出してみたら、天狗がな、米俵を落してな。あんまりみんながええ衆ばっかりやもんで、ほうびに米俵を落いてくれたんやと。

それがね、話はそんだけですまずにね。こんどは炭焼きしとるもんで、炭山へ行ったんじゃと、お爺がね。しゃべらんお爺が。そうすっと、帰ってこんのやと。ほいで探しに行っても、いつもの炭焼きのとこにおらんのやと。みな心配して村の衆にも言って、

「どうしたもんやろ、小屋におらんが」

って。ほして、小屋の前にもの凄い松の木のええ枝ぶりがある。

「こりゃ、ええ枝ぶりや。天狗さんが昼寝するのに、ええ枝や」

って、みんなが言っとるその木が、枝がないんじゃと。ほんでね、村の衆がみんなね。

「これは枝を伐ったもんやで、天狗さんが怒ってどっかへ隠したんやろ」

ってね。みんなそう言って相談したんやと、ほして、

「こらまあ、返《かや》いてもらわなあかん」

って。松明《たいまつ》つけて、鉦《かね》や太鼓でみんな寄って、そのお爺を隠したに違いないで返せって。天狗に言わなあかんってな。みんなで、トーントーンと、

「林右衛門を返せ、林右衛門を返せ」

って、みんな行列して行ったんやと。松明つけて。

ほしたら寝とったんやと、小屋にね。前にゃおらなんだのに。ほんで天狗が返《かや》いてくれたんやと。

昔の人やで、今の人やとそんなこと思わんやろけどね。天狗が返《かや》いてくれたやろで、いっぺん天狗がなんちって返《かや》いてくれたか聞きたいなあちって、みんな言っても話さずに終わったんじゃけどね。

無口やで言わんし、天狗に口止めしられとんじゃろし。お寺の役もやって若いときから法名までもらって、ちゃんとしておった人、賢い人じゃけど。しゃべらん人で「うん」ちゅうだけで。

そんな話を、母親が話いてくれた。

この話のあとに、まだ続きがある。昭和十七（一九四三）年に女の子、きよ子という子がおらなんで、

それを真似をしてね。赤提灯をとぼして、

「きよ子を返せ、きよ子を返せ」

ドンドコドン、ドンドコドンと太鼓をたたいて探した。出てこなかった。

あとから聞いた話やけど、橋のもと、谷にはまって死んどったらしい。あんまり不思議やもんで、
女の子が出てこんで昔の真似をしたんやけどね。


（――岐阜県――　『民話と文学』第三三号　民話と文学の会　二〇〇二）

天狗にさらわれた話

村（旧静岡県田方郡中郷村《なかざと》）のある子供が急に見えなくなったので、親は勿論、近所の人も騒ぎ一所懸命探したが判らない。親達は泣く泣くその霊を弔った。

四十九日に親戚一同が集って、お婆さん達と念仏の供養をした。その時なかでも非常に血縁の濃い者が、子供の小用をしてやるために田舎によく見る如くに、縁側で子供に小用を足さしていたのであった。その時ふと裏山に目をやると、紛失した子供が木の枝を飛び歩いている。それを見た親戚の者は喜びというか、恐怖というか、何しろあわてて座敷にいる者にすぐに知らせた。一同はすぐに例の縁側に出て来たが、不思議にも誰も再び彼の子供を見ることは出来なかった。一同は前の人が見たのは幻であるといって取り合わなくなってしまった。

するとそれから幾日かの後に今度は家の者が見たのである。木の枝を軽々と飛び歩いている姿を。これが村中にぱっと拡がってしまった。皆はきっと天狗の業であると評判した。そこで毎日々々裏山へ子供を探しに村の人も加わって出掛けたのである。が何故かどうしても見当らない。で村の人は匙《さじ》を投げてしまい、後に残るのは労力の報られなかったことに対する憤慨で、非難の声が高まっていった。

が、親は決して子供を探すことを止めずに根気よく探した。その心に天狗も心をほだされたのか、ある日のこと、朝目をさますと、そこに開けても暮れても探していた我子がいるではないか。親の喜び方といったらとても大したものだった。しかし当の子供は昏々と眠り続けている。約三日程経て子供が眼を開くと、母親の顔の枕元にあるのを見て、お母さんとばかり抱きつき、母親はその子を強く抱しめて長い間二人で泣いた。

後で子供も泣き止んで語るのによると、毎日馬糞をお饅頭だといって食べさせられており、木の枝を飛び歩く術も教えて貰った、といったので、まあ馬糞を食べさせたりして、と親の子に対する愛情で、母親はまた泣いてしまった。でもまあ子供が見つかったのでと、何もかも忘れてお祝をしたという。これは実際にあった、といって聞かされた話である。天狗にさらわれるということは決して嘘ではないようだ。

（——静岡県——　静岡県女子師範学校郷土史研究会『静岡県伝説昔話集』谷島屋書店　一九三四）

山師の佐吉が、古峰が原で荒沢の天狗にあい気絶をすること

明治のはじめに、荒沢（山形県鶴岡市）の杉林が切られることになり、狩川の佐吉という山師がこれを買いとって、大もうけをした。

そのちょうな（手斧）いれの日に、最初に斧をうちこんだ木から、血のようにまっかな液体がながれだした。

そののちも、搬出の人夫がなんにんもけがをしたり、台車（トロッコ）が転覆したりするようなことがつづいて、なんぎなことが多かったけれども、どうやら山じまいになった。

そののち二、三年たってから、代参のくじにあたった佐吉は、同行のひとたちとつれだって村をたち、古峰《こぶ》が原にたどりついた。

その夜、参籠所でふろにはいっていると、寺男がやってきて、火かげんをみながら、

「佐吉、しばらくぶりだったのう」

といった。ことばはまぎれもない庄内弁だが、その顔には、さっぱりみおぼえがない。

「おめはだれでろ。さっぱり、ほんでねえども」

と、たずねると、

「おらとこ、わすれたかで、荒沢の天狗だでば」

といいながら、佐吉の方をむいた。

その顔はべんがら色で、眼はぎょろりとひかり、鼻は高く、絵でみる天狗と寸分ちがわなかった。びっくりした佐吉は、おもわず悲鳴をあげながらふろをとびだそうとしたが、ふろ桶はその男の手で宙にさしあげられていて逃げられない。かれは生きた心地もなく、がたがたと震えながら詫びごとをいおうとするのだが、のどがふさがって声もでない。しかし天狗は、危害をくわえる気はないらしく、

「おらも、おめえから木を切らいで、荒沢さもいられなくなったさけ、ここさきて、若勢《わかぜ》*がわりにはたらいているだ」

などとかたるのだが、佐吉は恐怖のため、天狗のはなしをきく気力もなく、ついに気をうしなってしまった。やがて、意識をとりもどしたかれは、同行のものから、

「おまえが、いつまでもあがってこないのでのぞいてみたら、すえふろのふちにしがみついたまま、〝ゆるしてけれ、ゆるしてけれ〟とどなっていたのでおどろいた。いったいどうしたのだ」

ときかれた。

かれは、それにたいして一言の説明もしなかったが、それからのちは、どんなことがあっても、神社や寺の木は、いっさい買わなかったということである。

(――山形県――　戸川安章『羽黒山二百話』中央企画　一九七二)

＊住み込みの奉公人。作男。

おもいの魔物

富士山麓の大和田山（山梨県西八代郡上九一色村）の森林中に、おもいという魔物が棲んでいた。

この魔物は、およそ人間が心に思うことは、どんなことでも知っているという不思議な力を持っていて、だからこの魔物に出逢った人間は、全く進退が出来んようになり、ついついそれに取って喰ァれてしまうのである。それで、大和田山へ出入りする樵夫《きこり》や炭焼きは、何よりもこのおもいを恐れていた。

ある時一人の樵夫が大和田山の森林の中で木を割っていると、ふいにそのおもいが現れて来た。その男は思わずゾッとして、ああ怖《おつかな》いなァと思った。するとそのおもいはゲラゲラ笑いながら、今お前は、ああ怖いなァと思ったな、といった。男は真っ蒼になって、こりゃァグズグズしていると取って喰ァれてしまうぞとビクビクしていると、おもいは、今お前は、グズグズしていると取って喰ァれてしまうと思ったな、という。男はいよいよ堪《たま》らなくなって、どうなるものか逃げられるだけ逃げてやれと思うと、おもいは又もや、今お前は、逃げられるだけ逃げてやれと思ったな、という。それから男も困り切って、こりゃァどう仕様もない。どうなろうと諦めろと思うと、おもいは又しても、今お前は、どうなろうと諦めろと思ったな、という始末である。

こう何から何まで見透かされてしまってはもうどうすることも出来ず、仕方がないから男は、ビクビクしながらもそのまま木割りの仕事を続けていた。おもいの魔物は、いよいよ男が負けたのを見ると、だんだん近寄って来て、隙さえあれば男を取って喰おうと狙っていた。

ところがその時、男が割っていた木に大きな節《ふし》っ瘤《こぶ》があって、今男がハッシと打ち下ろした鉞《まさかり》がその瘤へ当たると、不意にそれが砕け、木の破片《かけら》が勢いよく飛んで、魔物の眼へ酷くぶっつかり、その眼を潰してしまった。これは樵夫も魔物も、全く思いもよらぬことであったので、さすがの魔物も参ってしまって、思うことよりも思わぬことの方が恐い、といいながらどんどん向こうへ逃げて行ってしまった。

（――山梨県――　土橋里木『甲斐昔話集』郷土研究社　一九三〇）

今の山のおらび退治

この東に大きな山で、今の山というのがあったしが、そこに昔、おらびという化物がおって、それが道を通る人に、おらび比べをしようじゃないかと、いつでも言うんだそうだ——おらびというのは、大きな声を出すことだが——。それで通りかかる百姓やそういう人らが、仕方なくて、大声の出し比べをやると、だれもそのおらびには勝てない。そしてそのおらびに負けると、おらびに取って喰われるっというわけだ。それで、あるとき、山の猟師が、

「そんなら一つ、おれがそのおらびを退治してやる」

って言うて、自分の方から山に行って、

「おらびい、おれとおらび比べをするかあ」

って。おらびは喜んで、

「よしや」

っていうことで、

「そんならわしから先いおらぼう」

っていうので、大きな声でおらび出したって。山も谷も崩れるほどの大声で。その大声で叫ぶおらびの開いた口のなかに、猟師が早速、鉛の玉を数発打ち込んだって。それにはたまらんから、おらびもひっくり返って、逃げて行ったそうだ。

それで猟師は、その奥の跡を辿《たど》って、だんだん、だんだん、だんだん、山の奥へ行ってみると、その血は山の奥の岩の穴まで繋《つなが》っていったので、そのなかに入ってみると、そこに大きな大きなものすごく大きな蝦蟇《がま》蛙が、倒れて死んじょったそうだ。それがおらびという化物の正体だったって。

(――高知県―― 昭和四十五年度國學院大學口承文芸学術調査団採集調査稿)

蛇に見初められた娘

麦山*の老夫婦の間に子どもができて、かわいく育てて、それが十九になったんだって。

そしたらね、一人娘がここいく日か青い顔してるんで、お母さんが聞いたんだって。「お前は何かあったのかい。この頃顔色が悪いな」って。

そしたらね、「あのねえお母さん、毎晩いい男が私のところへ来るのよ」っていうんだって。「きれいな男なんだよ。でも何にもしないの。でも私と一緒に寝てくよ。朝になると『それじゃね』っていって出ていく」っていうんだった。

そうすっと、お母さんが、「そりゃおかしい。夜来て夜帰るんじゃあ、そりゃおかしいから、魔物かもわからないから、今晩この針へ絹糸を引っ込んで、ほいで糸巻入れて、ぐーぐってほぐれるようにしてやるから、この針を着物の裾だと思ったところに、二つ三つ縫いこんで、そして放しなさい」

そしたらね、娘は、もうすぐ帰るってから裾だと思うところにね、針を縫い込んでやったの。

そしたら、ぐーぐと糸が回って、それっきり糸が止まってね、動かなくなったの。

それから次の朝、おばあさんに話したんだって。おじいさんに話すと怒られるから、おばあさんに「こうなんだよ」って話して、二人で糸をたどっていったんだって。

それから一里半上《かみ》へ行ったところに大きな沼があったの。沼があってね、普通だったら自然と水が溜まって上がすごく澄んでいるんだけど、その水がね、すごい血だらけになってバッタバッタと動いている沼なの。

ほれから、「ほらな、お前の毎晩来るいい男というのは、この沼の主《ぬし》なんだよ。主が来たんだよ」というわけで、家に帰った。

次の晩、娘の夢枕に立ったのは蛇なの。大きな白い蛇が出てきていうことにね、「お前は私の子をはらんでいる。だけどそのまんまで産んだら、お前は命がなくなるから、産み月になってお腹が痛くなったら、大きなたらいを持ってきて、たらいの上に竹のすのこを並べて、その上に坐ってて子どもを産め。その代り、下を向いてはいけないよ。下を向いてはお前の命取りになるから、お母さんが向けっていうまで絶対に下を向いてはいけない」っていったんだと。

そいで、お母さんの方も同じ夢枕に立ったんだって。「こういうふうに娘が子どもを産むけど、下を向けば頭がおかしくなって死んじゃうから、だからなるべく見せないように穴を掘っておいて、そのたらいのなり、水のなり、その穴に埋けてくれ」ってゆったんだって。

「わかった」ってわけで、産み月になると、お腹苦しがるから、「早くこの上に乗れ」ってわけで、大きなたらいの上へすのこを載せてその上へ坐らせたら、そしたら出ること出ること、下から蛇の子が、このくらいの子が何百匹と出てきたんだって。

そんなのがうようよしてたんだって。たらいの中、それこそそれを見ちゃいけないって。でも、それ見ちゃいけないっていわれればやっぱり見たいもんで、自分の好きな、あのいい男だった好きな男の何が出たのか見たいといって、そしたらお母さんが「見ちゃいけない」っていわれたもんだから、「お前はこれを見れば死ぬんだから、見ないで向こうへ行きなさい」っていうんだけど、どうしても見るといって、お母さんが引っ張るのをかまわず振り切って、行って見て、「まあ、私の体からこんなものが出たの」っていったなり、そん中にうっ伏して死んでしまったの。

だから、女がそういうものに見染められれば生きていけないっていうんじゃないの。

それは麦山にあった本当の話なんだって。（母・大久保ハンから聞いた話を語る）

＊麦山＝現・東京都西多摩郡奥多摩町、旧小河内村の部落。

（――東京都――　『民話と文学』第二七号　民話と文学の会　一九九五）

蛇子《じゃご》を産む

蛇子を孕《はら》んで子を儲《もう》けた（産んだ）という女《ひと》は、腹の中に麦飯を煮いたようなものがあって、なんぼでもグザグザ出てきたということは聞いたことがあります。蛇子と言うた。山へ行《い》て眠《ねぶ》ったような時に、脇に蛇が来ちょって、夢やうつつで眠ったような時に、なんぞ気持ちが良《え》え、男に抱かれたような気がした時には、どうも蛇子というものを孕みよったいうが。それから、川端《かわばた》へ行て田の草を取りよると、猿猴《えんこう》（河童）が出てきて、

「田の草を取ってやる」

とかなんとか言うて、田の畦《あぜ》にとまって手伝いをするよな時には、気をつけんと猿猴子《えんこうご》を孕む。

その、蛇子を孕んで、堕《おろ》胎して除《の》けたらええという時は、越知面《おちめん》（高知県高岡郡梼原町《ゆすはら》）の大田戸《おおたど》のウワマエという所《とこ》に、昔の火縄銃のある家がありましたが、その鉄砲の棹《さお》をけずって飲んだら蛇子がおりるいうて言《い》よりました。昔の鉄砲があったらしいがの。その鉄《かね》をけずってだいぶ飲んどるそうな。俺《わし》の伯母さんが言よりましたな。

（――高知県――　常光徹『土佐の世間話』青弓社　一九九三）

魔よけ

あるメラス（娘）が一人して山畑に小豆もぎに行ったところ、ひどく眠くてならなかった。その近くの岩から吹き出す清水で顔を洗い洗いして目をさましていたが、どうしてもこらえきれないので、昼を待たず家に急ぎ帰って眠ったが、そのままメラスは一月《ひとつき》も床についてしまった。

家の人は心配のあまり神おろしの口寄せをたのんで聞きたずねると、それは山の主と言う大蛇がメラスを嫁に欲しくて山畑の近くの木の上から眠りの術をかぶせて呑み込もうとしたが、メラスは日焼け顔になるのをきらって一時も菅笠をかぶってはなさなかったので、蛇は呑みとることがかなわず、残念で呪っている。

今となっては仕方がないから人形を作ってメラスの着物をきせて、山畑によこしてくれたら諦めるとのことで、早速そのようにしてメラスはもとの元気に戻ったと言う。

山い行く時は魔よけになる笠や山刀を忘れずに持ってゆくものだとか。

（――山形県――　佐藤義則著『羽前最上小国郷夜話』山形県郷土文化研究所　一九六四）

蛇の崇り

今の府甲部（徳島県三好市）の先川さんというところに、その藪に、蔭山といううちがあったんじゃ。井の窪の方へ向いた府甲部のこっちに一軒屋があったんじゃ。

その家の近くに山があってね。わたしのおばあさんがまだ生れたか生れんくらいの小さいときの話だろうけどね。

その蔭山義蔵さんちゅうおっさんですな。そのおっさん若いときに、えろうまあ蔭の山で、その財産もないし、鳥やうさぎや、昔じゃきに猟をしてね、そして生活しよったわけじゃ。

ほんでね、どないにしてもひと年一つも猟がないんですって、鳥もうさぎも目にかからんのじゃって。ほしたところが、そこに大きな蛇がきじの鳥を抱いとったんじゃって、今にも飲みそうなかっこうをして抱いとるのをね。その時義蔵さんの嫁さんは、妊娠しておったんじゃって。それをね、

「わしの子どもができたらやるきに、そのきじをくれ」

というたらね。ほしたら、あの蛇がほのきじを放したんじゃって、生きとるのを。ほんなけんど、

ちょっととろうになっとるのを放してくれたんじゃな。

そして、まあ、その人はきじを売って生活したわけよな。そないにしているうちに、その嫁さんに子どもが生れたわけよね。

或る日、そのおっさんが弾《たま》をこめて、なんか猟しようと思って外へ出かけたところがね、草ぶきの屋根でね、軒が低かったんじゃって、そのところ、蛇がこうずっとおりてきて頭をこう出して、ペロペロしよりましたと。それで子どもができたら子どももやるいう約束しとったきにな、ほんでそれを取りに来たんじゃ思うたんでしょうな。それで家の中から弾をこめて、ポンとその蛇を撃ったんよな。やっぱり猟師じゃから、しくじらんと一発でしとめたわけよ。

それをね、引っぱるたってもって行くたってならんけにね。なんか順々に切り刻んで、ほして七かんぐらいにきざんで、向こうの谷へもっていてほうったんじゃって。ほしたらその年はね、大きな蠅がわいて、そのあたりは臭かったちゅう話じゃ。とてもぎん蠅がわいて臭うて臭うてたまらなんだちゅう。

そしたら、そのおじさんは、ぜんそくみたようになってね、お四国さんをね、毎年毎年参ったわけよね。

そんでもそのおっさんはようえならずに、ぜんそくみたようなんで死んでしもうたちゅうんじゃわな。

(——徳島県—— 池田町昔話・伝説資料集委員会『阿波池田の昔話と伝説資料集』
池田町ふるさとづくり運動推進協議会 一九九七)

大蛇と鹿

極く新しい事だと言うて、その者の名前まで聞いたが残念ながら忘れた。

某の狩人が朝まだ暗い内に起きて、石巻山（愛知県豊橋市）に鹿撃ちに出かけて、山の中腹の崖の下に夜明けを待っていた。その崖と言うのはいわゆる懸崖で、高い岩が屋根のように差し出して、崖の上は遙かに峰続きになっている。アギトと言うて、更に上には登る事の出来ぬような地形である。その岩の頭へ姿を見せる鹿を撃ちに行ったのである。

すると夜の明け方に思いがけなく岸の上から、一頭の大鹿が転がり落ちて来た。驚いて崖を見上ると、高い岩の上から、二間《にけん》もある鎌首を差し出して、恐ろしい大蛇が下を覗《のぞ》き込んでいる。びっくりして鉄砲を取直し、蛇を目がけて夢中で撃った。すると恐ろしい音を立てて蛇は手繰《たぐ》るように落ちて来て、えらい苦しみをして死んだ。

狩人はそのまま鹿を引昇《ひっかつ》いで、どんどん家へ遁《に》げかえると、戸口に女房が真蒼《まっさお》な顔をして倒れている。

数々のふしぎに直ぐ助け起してだんだん訳を聞くと、女房は夫を送り出して一眠りする中に夢を見たのだそうである。その夢というのは、女房が一匹の大蛇になって鹿を追いかけて行くと、その鹿が崖の下へ転がり落ちたので、上から覗き込むと、下に狩人がいて、いきなり鉄砲で撃たれた――という。そこまでは記憶にあるが、それからさきは夢中で、床を転がり出して門口で倒れたものらしい。だんだんの次第が、男が蛇を撃った時刻と符合するのである。

（――愛知県――　早川孝太郎『猪・鹿・狸』郷土研究社　一九二六）

ツチノコ

昭和四十（一九六五）年四月十八日の二時頃、フドウ野（奈良県吉野郡下北山村）へわらび取りに行った時、トットコトットコいい調子で上がって来たんねん。したらなんかこう、こんなのが（両手を丸くして）こう固まっとるのを目にしたもんで、「うわあっ」と、瞬間的に逃げたんやけど〈なんとも見損ないやわ。本物おるはずない〉と思って、おそるおそる、わりに近くまで行ったら、あの、やっぱりとぐろ巻いて、ちっちゃい木にね、こう一回とぐろ巻いてね。で、自分の方ばっかり見るんです。動くとその方へ顔向けて。ほで気持悪《わり》いんやけど、もうかなり上の方まで上がっていたことやし、そこを通り抜けてもうちょっとしたら、わらびがいっぱいあるとこの近くまで行ったもんで、なんか未練がましくて。今と違ってもっと若い時やしね。

そして、奥の方をずうっと遠回りして、帰りはもう、とてもそこへ下りて来る度胸がないもんで、もっと近道を帰って来た。

わらび取っている最中に見つけたの。ピッとこうね、ピッとカタツムリの角《つの》みたいな〈あらぁ、角だしたよ〉と思って。離れてねえ、どうやろ、ここから角の柱位まで（五、六メートル）ね。いややもん、近寄って行くの怖いもんね。

最初はもっと近づいてしもたんやろか。トットコトットコ歩いて行ったら……バアーッと走ってどれだけか逃げて、〈おかしい。そんなのおるはずない〉と思ってね。

またあのう恐る恐る戻って行って見たら、ジィーっとしてましたわ。動かんと。せやけど遠回りすんのにこうして見ながら、私の方ばっかり見らって「動くなよ動くなよ」って独り言いいよって。だけどほん時は、今でもそうですが、見たという何も証拠ないですしね。ただ、〈蛇の子が尻尾切られてあんな変形したのかなぁ〉と思って。あとからそういう話をすると、

「ああそれは触らで良かった」と言われて。

色はね、黒に近いようなね。あの当時ね、ツチノコが何人も何人も見た人が出て来て、ひと騒ぎしたんですね。他の人は知らんけど、私は一人で見たから。

巻いていたんで、こんな形とは、はっきりは分からないと思うんです。小さい木があって、一回だけちょっと巻いて、して木の枝が上にあって、土の上にとぐろを巻いていたんじゃなくて、なんか若い芽でも食べてた感じなんやけどね。でも草食じゃないだろうし……。

まあ、とにかく後でどうのこうので言う話になるとは夢々思わんからねぇ。ただ変わったもの見たよ、と思って反対側へ下りて行ったら、和田の利作のおじさんがおって、

「おじさん、今こないなんおったわ」って。

「へえ、珍らしいもんやのう。また袋を持って行って捕まえて、動物園でも持って行って鑑定しても

ろたらええのう」

て、おじさんはそない言うたわ。当時の記録に、なんかおかしなものおったって若い娘さんが和田の利作の所へ駆け込んだって書いてあるわ。ほんなんじゃないけどね、ほんなことになったんでしょう。

「おりゃ、明くる日、見に行くつもりやったんやけど、雨が降るから行ってもしょうないと思て行かなんだけど。ちょうど雨降ったんや。あん時は」（と、ご主人が補足）

山師の人らも、気持悪《わり》いから犬を連れて見に行ったとかいうような話してましたけど。それからこっち、村（下北山村）が懸賞付きでツチノコ探しをしたり。誰でも見たいけど、大勢、ワアワア、ワアワア、行ったらね、仮におっても隠れてしまうよって、そんな探しに行って見つかるはずはないということで。わしら行きたいけど。その当時は、はっきりせんもんで、怖がる一方で、あんじょう見てないって言うような話も出たんやけど。

そやけど、ここの製材工場のおやつの時間が三時四十五分からかな、四時に始まるのか。とにかく十五分間、そこで、ジィーっと見ておったということなんで、別に見損ないでもなんでもないんやけど、そういうわけのわからん見たこともないような動物がおったということは、間違いないです。帰って来て、まあけったいな動物がおったっていうことで結局、村内中なってしもたんやけど、それがツチノコっていう動物やろうっていうことになって、ツチノコになってしもたのさ。

ツチノコというのは、昔からいるという噂はあって、どういうわけでツチノコと言うかというとね、藁《わら》を叩く槌《つち》、あれに格好が似てるってことで。持つところは細いですわね。そこからツチノコってなって。これまでから、そういうふうなおるっちゅうことは和歌山県の北山村でもあったんだしねえ。

いたる所でそういうな見た人がおったんですわ。そういうことでツチノコっていうんであろうていうことになってしもたんで。わしら、ちょっとも知らなんだけどね、そういう話やったな。藁打つあれ、こっちではノヅチても言うのう。

私、山から帰って来て、まあ大変なことやとわからんしね、うちの兄弟なんかに話すと、

「ほんなもんおるもんか。狸かなんかにやられたんじゃ」

て、つい一蹴にされた。ハハハハ……。

蛇ではなし何だろうと。〈不思議やなあ、蛇の変形したのかなあ〉って。ビール瓶くらいの感じ。そんな長いわけじゃなし。コロコロした、言いようによっては可愛らしいような。

蛇。気持悪かったけど。転がって行くんやから、そんな触ったら、えらいことやったけど。

「あんた触らんで良かったわ」

って、年いった人言いましたわ。転がって行くんやて。

ただ、この見たっちゅうだけの話に、いっぱい付録が付いて来るでしょう。見た人はどうやったって。変な奇形の蛇見たよ、というだけの話なんやけどねぇ。あれはどうやったあれはこんなや言うてね、いっぱい話がくっついて来る。見た人はまず、ツチノコだって思わないし、〈捕まえてやろう〉ってことより恐ろしい方が先で。

蛇は蛇なんだと思うよ。どうせ爬虫類なんやから短かくて太い蛇がおるんでしょう。それをツチノコと呼んでるだけであって。まあとにかく気持悪いだけだったたねえ。

（――奈良県――　『民話と文学』第三二号　民話と文学の会　二〇〇一）

庄屋を助けた狼

ある村の庄屋が用足しを終えて夜道を戻ってくると、ふいに現われた一匹の狼が、庄屋の着物の袖をくわえて離そうとしない。どこかへ連れて行こうとでもするようである。

脅えながらもついて行くと、狼は大きな洞穴に庄屋を導いた。

そのうちに洞穴の外をズシンズシンと大きなものの歩く音が聞こえて来たが、足音はそのまま遠のいて、いつしか何も聞こえなくなった。

すると傍にじっとしていた狼が、また庄屋の着物の袖をくわえて、外に連れ出し、もとの山道まで連れ戻した。

庄屋は、その狼が山の魔もののヒトツダタラから自分を守ってくれたことに、ようやく気がついた。

すでに狼の姿はなかったが、庄屋は、

「もしわしが死んだら、この体はおまえにやろう」

と狼に礼をいって、無事に家に帰りつくことができた。

それから数年もして、庄屋は寿命を得て死んだ。ところが葬式がすんで数日すると、庄屋の墓は何ものかにあばかれ、死体は影も形もなくかき消えていたという。

狼は墓をあばき死体を食う、とこのあたりでは昔から言う。新仏の墓に鎌が立てられるのも、そのためである。

（――和歌山県――『民話と文学』第七号　民話と文学の会　一九八〇）

恩を返した狼の話

福岡村深谷（宮城県白石市）の西に手洗沢《てあらいざわ》という所がある。そこから不忘《ふぼう》山麓（蔵王連峰南端）の、三住《みすみ》という部落に入るのだが、そこには領主片倉小十郎公の、農民の福祉を祈る山神供養塔が建っている。辺傍《あたり》は森林が覆いかぶさって、昼でも通行するのがうす気味の悪いところであった。

そこに、一匹の狼が大きな牙をむき出して、毎日のようにあらわれるというので、それがたちまちの間に、村中の評判となって誰一人通る者さえなくなってしまった。

時は幕末の喧々囂々《けんけんごうごう》たるとき奥州のこの山里に、毎日こんな話でもちきりになっていた。その時深谷に住んでいる、佐藤重之助と呼ぶ老人があった（名は記憶からはっきりしていない）。此の老人の思うには、そうして毎日狼が同じ場所にあらわれるということは、まず不思議なことだ。何か狼のやつに、願い事でもあるのではないか、何《いず》れにしても行ってみようという気を起した。

老人はなかなか度胸のあった人で、身に寸鉄も帯びないで、評判になっている手洗沢に行った。すると案の定狼が、大口を開いて当方に眼配りをしているので、老人は一時はうす気味悪くも感じたが、よくよく見るに狼は何か苦しんでいる様子なので、老人はぢかぢかとすすんで行って見た。すると狼は大きな猪の大骨を、のどにさして難儀をしていることが、わかったので、思っただけでも身の毛のよだつ、獰猛《どうもう》な狼の口に、肌ぬぎになって腕を、挿し込んで、巧《たく》みにその大骨を抜いてやったところが、狼は今迄の苦痛からのがれて、尾をふりふり重之助老人に感謝するのであった。

かくして老人は狼と別れて帰ったのだが、その夜の事、老人が寝てから真夜中、どしんと縁側になげつけるやうな音がするので、老人はがばっとはね起き雨戸を開けて見ると、そこには大きな猪の屍体が横たわっていた。そして側にはいつぞやの狼が、さも馴れ馴れしく控えていた。

物こそ言わねど、老人は早速その場の様子が読めたので、お赤飯をたいて狼に御馳走した。狼は返す返すの老人の厚意に感謝して、その場を立ち去ったということが里人によって語られている。

（——宮城県——　『郷土の伝承』（第二輯）宮城県教育会　一九三三）

猟師と狼

ある猟師が山に行き、

「猟犬に育てるので」

と狼に断って、狼の子をもらって来た。千匹とったら山へかえすということだった。なかなか猟が出来、立派な猟犬に育って行ったそうな。しかし、その猟犬は、ねずみであろうといたちであろうと獣類は何でもとって、こたこたとなかなか休まなかったそうですわ。

ある時山へ猟に行き、野宿をし、火を焚き切らさぬようにしていたところ、突然、猟犬の様子が変り、おかしな動作をするようになった。

物陰から見ていると、谷の方へ行って来ては体に水を含ませ、どんどん焚いている火を消す動作をする。

てっきり猟が千匹に達したものと思い、この上は、ほっといては我が身にかかわると思い、鍋の尻の弾を込め、自分のハンチャ（半纏《はんてん》）で自分が寝ているように見せかけ、木の上に上がって狙いをつけていたところ、犬が谷から戻って来て、自分にみせかけて寝ている姿に飛びついた。もうこれで一生猟はしないと千問立《せんもんだて》をして、その猟犬を射殺したそうや。

猟は千匹になるまでは、何でもかでもしゃにむに稼ぐが、それ以上は主人に向って来るという。もしそのことを知らなかったら我が命をとられるということで、この猟師もこれにこり千問立し、それ切り猟をやらないと神様に誓った。鍋の尻弾を使う時は、一生に一度の時でなかったら使ってはいけないそうや。

（――和歌山県――　『熊野・本宮の民話』和歌山県民話の会　一九八一）

送り山犬

大奈路《おおなろ》村（高知県高岡郡四万十町）の小野川徳之助が松原の親戚に行ったところ、折からその家で子が生まれたので、産火がいっしょになるから今夜は泊まれといわれた。

徳之助じいは胆のすわった男、

「なに、かもうか」

と夜の九時ごろに松原を出た。下津井芹川から矢立坂へかかり、中津川分のハチノノグチまで戻ると、道端の法螺貝で泉の水を一口飲んでしばらく休んだ。それからまた一丁ほど戻ると、後方でばさばさと音がする。見ると、大きな青目玉が四つほど光っている。

これはてっきり山犬であろうが、山犬は人に害をしない、人を守って送るものだと聞いていたので、

「おらを送ってくれるか」

といって戻りかけると、大きな地響きをたてて来るものがある。

うわさに聞く「手ぎの返し」の化物だった。

頭も足も同じ形の手杵《てぎね》に似た山の魔物で、ちょうど手杵を立て返したように、ぐるぐる回りながら通るもので、足跡はひとつであるといわれていた。

徳之助は山犬のおかげで魔物の難を逃れ、無事に大奈路村へ帰りついた。家に入るやいなや、

「小豆《あずき》があるか、小豆飯を炊いて丸い団子にして門口に供えてくれ」

と、婆さんに頼んだ。山犬に送ってもらったお礼だという。お熊婆は、小豆はすぐ煮えんので、石臼に挽き割ってから飯に炊いた。丸めて団子にして門口に供えると、一時間ほどでひとつもなかったという。

（――高知市――　『季刊民話』第三号　民話と文学の会　一九七五）

「こおどり様」の話

ここの爺さんの爺さんになる人かなんかは、なんかね、オオカミを飼っといて。山かなんかから連れて来たんかいね。ほいて、犬のようにして、家族とおんなしように飼って。ほんで山行ったり、川行ったり、田んぼ行ったり、も、毎日どこへでもしりついて。ほんなよな犬のよな生活して。

ある時、本川（北山川のこと）の鵜《う》の巣《す》っていうとこやったと思うんですけど。鵜の巣っていうとこ行って。で、モドリ*を置きに行ったんやわねえ。

ほで、そこで火い焚《た》いたんやわねえ。ちょっと疲れたからって、火を焚いといて、寝たんですって。ほしたらオオカミの様子がいつもと違う。〈えらい今日はオオカミの態度がおかしいなあ〉と見てたら、川へ行ってザブッと浸かって、自分の毛を全部濡《ぬ》らして来て、ブルブルッ、ブルブルッと振るって、その火を消そうとするん。獣は火、おとろしいんですてねえ。それで〈あっ、これはなんかがある〉と思ったもんですね。

火い焚きよるとこから川まで、だいぶ離れとって、オオカミが川へ行っとるあいだに、魚を入れるボツリ（竹で編んだカゴ）に頬《ほ》っかぶりさして、着とった着物を石に着せて、自分が寝とる格好さして。ほして自分は、山の木の中へ隠れて様子を見とった。

オオカミは二、三回、行って火い消そうとするから、〈これは、なんかがある〉と思とって。ほいたら、火を消したと同時に、自分の格好をさせた頭に、カッとかみ付いたんですって。ほいで、そのオオカミを撃ち殺したんです。ほしたところが、この上桑原（奈良県吉野郡下北山村）いうとこで「流行《はや》り病《びょう》」があって。それで「オオカミが祟《たた》ったんや分からん」ということになって、それから「こおどり様」てのをお祭りするようになったん。旧暦の一月二十六日がお祭りです。

＊ウナギを取る漁具。直径十二～三センチ、長さ約一メートルの竹で編んだ細長いカゴ状のもの。

（――奈良県――　『民話と文学』三二号　民話と文学の会　二〇〇一）

おい縄とく理由

山へ木をしに行っとった人が、夜おそうなって、持ってこれんようになったんじゃって。ほんでその人は、

「山の神さん、どうぞ我が家まで無事にいねますように」

と言うて頼み、持ってきたんじゃって。そしたら、山犬さんが出て来て送ってくれたらしいんじゃ。そして家まで無事持ってこれたんじゃって。

ところが、持ってきて、おうとる荷をおろして、おい縄（背負い縄）をほどいて、

「山の神さん、ありがとう存じます」

と言うてお礼を言えばよかったんじゃけんど、疲れて持っとるもんじゃきに、荷をおろしても、おい縄をそのままで家へはいったもんじゃ。

ほいたところが、山犬さんが大けな声で三口、

「おーい、おーい、おーい」

っていがっていんだらしいんじゃって。ほしたらそのおなごは、長ぅ生きず死んだちゅう。それは山犬さんがおこったきにじゃ、と言うんじゃ。ほんで、

「ねえさん、おそうに持ってきたら、おい縄はほどきなはれよ」

と言うとった。荷のおい縄をほどけば、「ありがとうございます」と言わんでも、山犬さんはいぬん（去る）じゃって。おい縄をほどかんうちは山犬さんは待つんじゃって。どこまで荷を負《お》おて行くやらわかるまいがえ。

おい縄をほどかずに、山犬さんをいつまでも待たしておいて、家でごそごそしとったら、大けな声で三回いがって、ほれで山犬さんがおこっていんだんじゃって。

ほんで昔から、おい縄はほどかないかんぞよ、と言うたもんじゃ。

（――徳島県――　池田町昔話・伝説資料集委員会『阿波池田の昔話と伝説資料集』池田町教育委員会　一九九七）

ナナカ串

昔、七人組「殺生人《せっしょうにん》」（猟師）と七匹の猪《いのしし》ざきの猟犬があった。この七人組の猟師が犬を連れて猟に出ると、そのたびごとに猪を仕止めるので、猟師仲間でもなかなかの評判であった。

山で猪を倒すと大山おろしといって体を五つにさばくが、そのとき、まな板代りに下へ敷く木を〝シカタ柴〟と呼んでいる。こうして猪をさばくとき、なぜか子を宿した女が現われ肉を所望した。

しまいには猟師たちも腹を立て、

「もうやらんぞ」

とおどした。すると女は、

「そんな欲なことをいうと、猪を獲れんようにするぞ」

といって、〝シカタ柴〟の上へ小便をしたのであった。

それ以来、七人組の猪猟はぱったりと獲れんようになった。狩りでは飯も食えず猟師をやめることになり、七匹の犬も放して行方知れずになった。

この伝承にもとづき、猟師仲間では猪を獲ると、首の後部の一番、上等な肉を切り取り、七本の串にさして「七人の猟師と七匹の犬」の霊に供えるようになった。これをナナカ串という。また猪の耳は両方を切って串にさし、これは山の神さんに供えて豊猟を祈願するという。

（――高知県――『季刊民話』第三号　民話と文学の会　一九七五）

猪の怪

山に猟師さんが行って、そして、鹿が出て、白い鹿だったんですかね。撃ったところが、コロコロッと下に転げないで、尾根を越して向う側に落ちたんで、これはおかしいなと思って、その日は、不思議に思って、帰れなくなったもんで、榊《さかき》の木に登って、自分の体を縛って、そしたら、真夜中に隣の娘さんが、家に何かあるから帰ってこい、と知らせに来てくれて、その時に、山の深い所に娘さんがひとりで来るということ自体が不思議だから、こう、撃ったんですね。たら、大きな猪になって、榊の根元を掘り出して、どうしても逃げないから、南無阿弥陀仏と弾を六個持って、それを撃って、六個目の弾で仕留めたというんですが、殺せなかったんだけれど。

そして、ある行者さんが、湯の峰温泉（和歌山県田辺市）ありますね、新宮市の奥に。昔、中将姫が旦那さんを押し車に乗せて、そこに入って治したという壺湯という有名なお湯があるんですね。そこに行者さんが、たまたま行ったところが、草鞋《わらじ》が沓《くつぬ》脱ぎ石の両方にはみでてて、ずい分大きい猪で、それを法力で見たところが、背中に笹のはえた猪だった。年老いた猪が、妖怪になっていた。南無阿弥陀仏の弾で撃たれた足を治すために温泉に来ていたんですね。
その猟師さんの里に、鉄砲を村の守りに置くようにいってね。その鉄砲がある限り妖怪がこないからといって。

（――奈良県――『民話と文学』第三二号　民話と文学の会　二〇〇一）

野生化した黒猫

白岩（東京都西多摩郡檜原村《ひのはら》）の何とかっていう人の家の、そのおばさんっていうのは、猫を大事に大事に飼っていて、松の京っていうところまで薪《たきぎ》拾いに行って、その猫がいなくなったんだって。いくら「黒、黒！」って呼んでもいなくって、そして家へ帰って来たんだって。

それから何年かたってね、そこの主人が行ったんだって。そしたら三頭山《みとうさん》＊の大きな栗の木がギリギリと立って、ほんと昼間だってほんと夜と同じくらい薄暗いんだって。

そしたらね、何かガサガサと木に登ってね、何だろうなと思って目をこらえて見たんだって。黒猫だから見えなかったんだって。

その時、猫が身構えて、その人にかかっていこうと身構えてたんだって。

そしたら主人だから、

「黒、お前は黒じゃないか。黒、おいで、黒じゃないか」

って言葉かけたんだって。

そしたら、今にも跳びかかろうとしたところで、

「今、おどりかかって食べようと思ったのに、言葉かけられると食べられなくなっちゃったよ」

って逃げていったっていう話なの。

猫だってかわいがっておけば、何十年もたっても恩を知ってるもんだってよ。

猫というものは跳びかかるとノドへかかるんだってね。ノドへかかってここから血を吸うんだって。

だからここへキバを通して、そこから血を吸って逃げると、何十年も生きられるんだって。

人間が山へ行って死んでるのを見たら、ここへキバが通ってるのを見たら、鬼でも何でもなくて猫だってね。

＊三頭山は東京都と山梨県にまたがる標高一五三一メートルの山。

（――東京都――　『民話と文学』第二七号　民話と文学の会　一九九五）

山鳩になった子ども

むがしに、こんだ女房《かか》ぁに早ぐ死なれでしまって、父親《てで》一人《ふとり》で、子供《わらし》一人育《あづが》てでだわげだなんス。したどもこんだ、あんまり父親《てで》ばかりして稼《かせ》んだせいだが、病気なってしまって、腰立たねぐなってしまったど。それがこんだ、子供《わらし》相手に暮らしてたどごろが、ある親類《おやこ》の人《ふと》がァ、

「んにゃ、俺ァ今《えま》、餅搗《もぢつ》だども、餅作《こしゃ》るもできねぇから、そのまま持って来たんて、汁コさでも入《ひ》れで、食ってけれじゃ」

って、持ってきたけだなァ。

「あえ、あえ、ありがでェな」

って、そしてまずその人《ふと》ァ、餅《もぢ》ば置いで行《え》ったども、搗きだでの餅だから、手コつっこんで食うわげにもなんねエス、こんだ子供《わらし》コどこ、使ってやったわけだァ。

「うしろの畑さ行《え》って、菜っ葉取って来いじゃ。それで汁っコ煮でしゃ、餅《もぢ》入れで、餅食うベス」

ったきゃ、

「ん」

って、こんだ出はって行《え》ったども、ながなが来ねど。

「はァて、どこさ行《え》ったべ」

ど思ってだば、行《え》ぐうぢに忘れでしまってはァ、そのまま遊んでらわげだなァ。

「んにゃな、俺ァこういうからだァなってしまったで、歩《あ》げねス、うしろまで行《え》って取って来《く》んにええ菜っ葉も、取って来えねぐなったし、なんともなんねスな。餅食ってどもなァ」

ど思って、餅さ手つっこんで、食ったわけだァ。

食ったところが、それでねってても体がやづれでしまってるものさ、搗きだての餅食ったどこで、こんだ喉さはばがってァ、そしてはァにっちもさっちも動《えの》がねずなってしまって、そのなりにまだ、その人《ふと》も死んでしまったわげだァ。

さァさァさ、死んだという話聞《き》で、むらの人《ふと》ど皆来てくれで、まず死んでしまったがらって、葬式は出したァ。したどもしゃ、

「んにゃ、俺ァ悪《わり》がったなァ。粉つけで持って来ればえがったやズ、そのやるとき忙しくて、粉もつけねで、搗きだての餅《もぢ》持って来て、俺ァ殺したえんたもんだじゃ」

って、泣ぐわげだァ。

それ聞でら、子供《わらし》まだ、

「んにゃ、そせば、粉つければ、死なねがったべがァ」

って聞いだば、

「ん、粉つければ死なねやズ。俺ァ粉もつけねで、搗きだての餅持って来て、殺してしまったじゃ」

って、その人《ふと》もおいおいど泣いだずぉんな。

「んだってな、粉つければ、えがったやズな」

ってどこで、その子供《わらし》もこんだ、母親《あば》も死んでしまったス、父親《てで》も死んでしまったス、どうにもならねして、皆《んな》でしゃ、回りっコしてその子供《わらし》育《あづが》う相談したでおん。

んだども、その晩《ばげ》のうぢにァ、その子供《わらし》ァ、居《え》なぐなってしまったけどはァ。どこさ行《え》ったべがあって、捜《たね》で歩《あ》ったたて居《え》なして。したば山の方で、

　父粉《てでこ》食《け》ェ、父粉食ェ

どいう鳥、鳴ぐようになったけど。

したばそれ、その子供《わらし》がはァ鳥なってしまって、そして山に居《え》るえに（ように）なったのだど。それが山鳩だどいう話だァ。

（――秋田県――　野添憲治『高堰祐治昔話集』民話と文学の会　一九九二）

人形峠のクモ

むかし、倉吉（鳥取県倉吉市）や三朝《みささ》（鳥取県東伯郡）の人が津山へ行くには、いまの国道人形峠の西寄りにある人形仙《せん》を越えて、上齋原《かみさいはら》の村（岡山県）に入り、奥津温泉を通っていたが、この人形仙は人通りもまれな山道で、樹木がうっそうとして昼なお暗い峠だった。

ある日、この峠で若い男が殺されていた。殺しの手口をみると、異様な糸で体をしばられ、ノドぶえをかみ切られているのである。峠の近くにある木地山部落や上齋原の人たちは、驚きと恐れでいっぱいだった。

この事件が解決しないうち、また同じ手口で三朝の若者が殺された。狐狸妖怪か人間の仕業か、まったく見当がつかない。木地山部落では、みんなが集まってこの殺人鬼の正体をあばき、ひっとらえてやろうと話し合ったが、名案が出ない。すると木地師の古老が、

「人間の代わりに男装の人形を峠に置き、ようすをみたらどうだろう」

と提案し、村落の人たちも賛成して人形をつくり、日暮れとともに人形を峠の上に運んだ。そして、

元気な若者数人が現場を離れた木蔭でようすをうかがっていた。

やがて鳥追い笠に三味線をかかえた女が現れた。女は人形に近づいて、

「ね、おにいさん。わたしの代わりに三味線をひいて下さいな」

と言う。人形が黙っているので、

「ね、わたし、手をいためているので、おねがい……」

人形が答えないので、怒った女はすごい形相で、人形の周囲をぐるぐると回り、そのたびに口から糸を吐いて人形をしばりつけた。そして、人形のノドぶえにかみついたのである。

このようすを木蔭でみていた若者たちは、弓矢をとって鳥追い女を射とめた。女は異様な叫び声をあげて逃げたが、若者たちが血のあとを追って洞穴にいくと、そこにひん死の土グモがうずくまっていたという。

（――鳥取県・岡山県―― 鷲見貞雄『因伯昔ばなし百選』鳥取民話研究会 一九七五）

身持ちの猿

せっしょう（猟師）が山へ猟に行っとったところが、腹が太うなっとるお猿さんがおるんじゃって。撃とうと思ったらお猿さんが、太うなった腹をたたいて、「撃たんようにしてくれ」と言うて手を合わして拝むんじゃって。ほして手を合わして拝むけに、これは「子をはらんでいるけに、撃たんようにしてくれ」というて拝んどるんじゃと思うて、そのせっしょう人は、その猿を撃たなんだんじゃって。

そしたら、お猿は産んだ子どもを連れて家に来たんじゃちゅうわぁな、そこの家へ。そして、ただ土べたへ手をついて頭だけ下げたちゅうわな。そしたら、それからその家は出世したちゅうわなあ。ちがうせっしょう人じゃけんど、大腹《おおはら》をかかえた身持ちの猿を撃ったら、わんくの嫁が身持ちになったとき、猿の子を産んだという話も聞いた。

ほんで昔から、大腹をかかえたものは撃たれんということを言うわなあ。

（――徳島県―― 池田町昔話・伝説資料集編集委員会
『阿波池田の昔話と伝説』ふるさとづくり運動協議会 一九九七）

本取山《もととりやま》

昔々、越中礪波《となみ》郡（富山県砺波《となみ》市）の山奥に、いくら深いとも知れぬ洞穴がありました。山の麓の村に住む人たちは、いつでもこの岩屋の穴の口に来て、家で入用なお膳だのお椀だのを、借りて来ることにしていたそうであります。

たとえば明日はお客があって、うちの道具だけでは間に合わぬという時には、前の晩にこの穴へやって来て頼みました。私は村の何左衛門でござります。あすは是々《これこれ》のことで客をいたしますのに、膳椀の数が足りませぬ。どうぞ十人前だけお貸しなされて下されと言って、還って次の日の朝早く又行って見ますと、必ず立派な器が頼んでおいた数だけ、揃《そろ》えて穴の口にだしてあったものだそうです。それを使った後でよく洗って拭いて、次の日に同じ所へ持って来て、有り難うござりましたとお礼を述べて戻ると、何時《いつ》の間にかそれがしまい込まれたということで、誰が貸してくれるものか、見たという者は一人もありませんでした。

赤や青色の漆塗りの、まことに美しい膳椀であったそうであります。ところがある欲の深い人がこれを借りて来まして、あまり欲《ほ》しいのでもう返さぬつもりになりました。催促をしに来る者のないことを知っていましたから、平気でいつ迄もそれを使っておりました。それから岩屋の穴の口では、もはやなんとお願いしても、決して道具類を貸してくれぬようになったのは、当然のことでありました。しかしその不正直な百姓には、別になんの罰もありませんでした。そうして夫婦で働いて、少しずつ家が金持ちになって来たばかりでなく、その夫婦が子どものないのを寂しがっていたところが、そのうちに一人の男の子さえ産まれて、大喜びをしました。

ただ困ったことには折角産まれた一人子が、五つになっても六つになっても、まだ起ってあるくことが出来ません。今に立つだろうといって待つうちに、とうとう十の歳になりました。秋の稲刈りがすんで、それを持ちこんで家の表の庭で、夫婦はせっせと籾《もみ》を扱《こ》いて、俵につめておりますと、今まで足の立たなかった男の子が、家の中から匍《は》い出して来まして、そこいらを遊びまわっておりましたが、そのうちにふいと庭先に転がしてあった二つの俵の中に入って、両方の手に俵をつかまえて、初めてその子が立ち上がりました。ああ立ったと手を打って、二人の親が大喜びで見ていたところが、男の子はその俵を両方の手に持ったままで、なんと、今までに立つことすらも出来なかった者が、すたこらとあるき出したではありませんか。

夫婦も始めはただ不思議に思って見ていたのですが、あんまり急に足が達者になって、俵を下げたままで屋敷から外へ出て行きますので、びっくりしてその後を追いかけました。しかし足が早くてどうしても追い付くことが出来ません。そうして見ている間に段々と遠く山路を登って行って、おしまいに以前お膳やお椀を貸してくれた岩屋の中へ、ずんずんと入って行ってしまいました。父親も大いそぎで後からその穴の口まで遣《や》って来て覗《のぞ》いて見ましたが、中は真暗で何物も見えず、又怖ろしくて入って見ることが出来ませんでした。仕方がないのでぼんやりしてそこに立っておりましたら、穴の奥の奥の方で、話をする声が聞えました。やっと米を二俵だけ持って来た。是《これ》でまあ本だけは取れたと、誰かが大きな声で言うのが聞えたそうであります。

このお話は是でおしまいです。それからこの岩屋のある山の名を、本取山というようになったのだと言っております。

（——富山県——　柳田國男『日本の昔話』三国書房　一九四一）

荒神さんの杉の木

下神代《しもかみしろ》（岡山県新見市）のある大工さんが荒神《こうじん》さんの杉の木ぅ伐ってなあ。この人は兵隊へ行って、野戦へ行って、あれぇこれぇ戦争をして帰った人じゃったんですけどなあ。

「神さんじゃなんじゃゃあいうたところで、神さんがあるんなら、みんなして拝みょうったんじゃけえ、神さんが助けんいうこたぁないのに、日本が負けたんじゃけえ、神さんもへったくれも（神様も何も）あるもんか」

言うて、同じ部落の荒神さんの木ぅ伐ったんですが。そうしたら、体が悪ぅなって、へえで、あっちぃこっちぃ行って診てもろうても、どうもはっきりした病名がつかんいう。へえでとうとうしまいにゃあ祈れえ（祈る）くれえで、祈とうする人に拝んでもろうたら、

「荒神さんの木ぅ伐っとるけえ、もう命は助からんけえ、こりゃあ、あとをええ具合祀《まつ》らにゃあ、今度ぁ家族ぃもかかるようになるけえ、祈念をしちゃるけえ」

言うて、祈念をしてもろうて、いろいろな幣《へい》を、五本切ってもろうて祭っとっちゃった。

大工さんは死んでしもうた。それといっしょに仕事をしょうった大工さんも、それまでは、

「神さんの木じゃなんじゃいうても、伐っても、どがえもあるもんか」

言うて言いようったけど、せえからこっちぃは、

「いや、神さんの木ぁ伐らりゃあせんぞ。あの大工ぅみとようにほんに死ぬるけえ、神さんの木ぁかまわりゃあせん」

言うて言いようった。三十年ほど前の話じゃ。


（――岡山県――　立石憲利『民話集　三室峡』手帖舎　一九九六）

化け物杉

北小谷《おたり》村（長野県北安曇郡）の角間《かくま》に一本杉があった。周りは二丈余もあり、枝葉繁茂して、樹下は昼なお暗く陰鬱なので、人は化け物杉と呼んでいた。十年程前に伐り倒されたが、それを伐るときには誰も怖がって手を付けうるものがなかった。が、界隈きっての元気者といわれていた一人の杣《そま》が、

「たとい化け物杉でも俺が伐るのに何の不思議があろうか」

と、斧を携えて行って終日切った。

翌日は伐り倒すつもりで行って見ると、昨日伐り取ったはずの木片がみんな切り口へ密着して元どおりになっている。この杣は無鉄砲な男のことゆえ、又かつかつと切り込むと、樹は唸りを生じて切り口からはタラタラと血糊が流れた。さすがの杣もおじけづいて、家へ逃げ帰ってしまったという。


（――長野県――　小池直太郎『小谷口碑集』郷土研究社　一九二二）

石の怪異

紫波《しわ》郡志和村（岩手県紫波郡）の西境を中央山脈が唐絵の屏風を立て廻した如くに曲る山々の中に、姥沢《うばさわ》という深谷がある。この沢の中に姥石という巨石があって、里人の言伝えに昔から誰も手をつけてはならぬとされておった。

ところがある時、村の豪家で土蔵を建てることになって、石材の必要なところからこの姥石を切り割って使うことに話がきまったが、その石を切り割るほどの腕前の石工がちょっとなかった。主人は何も他所の石工を探す必要もない。村の松森の甚兵衛石切りに増す者はあるまい。あの爺様を頼めということになった。この老人は主人に見込まれた通り、すこぶる豪胆無類の名工であった。依頼に心よく応じて、その年の正月八日というに一人姥沢に入って行った。

甚兵衛は姥石の下に行き着いて、肩から道具をおろして、姥石の肩の辺からたがねをかけて割り始めた。仕事が段々に進んで行こうとする時、今まで拭ったような晴天が俄かに掻き曇って大雷雨がやって来た。さすがの甚兵衛もこれには少々怖気がついて仕事の手を憩《やす》めていると、いきなり黒雲の中から大きな手が現われ出て、甚兵衛の襟元をむんずとばかりつかんだ。そして、これ甚兵衛、その方は何故あってこの石を切り割るのか、誰の許しを受けた、この不届き者と言い罵《ののし》りざま、三度大地に擲《たた》きつけられた。

甚兵衛はあまりの不意なることであったので、暫時大地に伏していたが、それでも根が豪胆な爺だから、怖々竊《そ》っと頭をもたげて見上げると、こはいかに、身の丈一丈（約三メートル）余りもあらんと思われるほどの大男で、真赤な衣を着て顔面朱の如く赤く鼻の長いこと、これは又驚き入った物が突っ立っていた。それを一目見た甚兵衛は、ただウンと言ったきり気を失うてしまった。

それから何時くらい経ったか、やっと気がついて眼を開いて見ると、既にその赤人もいず雷雨も静まって、元の晴天に帰っていた。甚兵衛は転びまろぶようにして村に立ち帰って、事の模様を主人に話して、この後とてもあの仕事は続けられぬ旨を言って断った。

それを聞いた主人の方では甚兵衛以上に驚き怖れて、何の土蔵造りどころの騒ぎではないとて、姥石の側に山神祠を建てて、お詫び祭りをした。

哀れなるは甚兵衛で、それから間もなく病みついてあの世に逝ってしまった。今でも姥石には七五三《しめ》縄を張って、ささやかではあるけれども山神祠が祭られている。

（――岩手県――　佐々木喜善『農民俚譚』一誠社　一九三四）

ヒダル神

山の神様があったら、なんの柴でも供えらやなぁ。花があったら花を採《と》ったり、ひやい時（寒い時期）には、枯枝でもなんでも立てて、

「今日は無事に山をくぐらしてください」

言うて通ったら、必ず楽にぬけるなぁ。

ヒダル神は、峠を越すような場合、ちぃと下がった所《とこ》とか、峠に上がるきわとかいう所におるんじゃ。俺《わし》もヒダル神に憑《つ》かれたことがある。

まだ伊予（愛媛県）の地におる時じゃけん、なんぼ、四十年ぐらい前にならやなぁ。山へ行て戻りよって、もう四、五間上がったら峠へ上がるいうよな所へ来た時に、ひだるう（空腹）になって、大儀になってしもうて、足がぐしゃもうて動《いご》かんなった。もう一寸もよう歩かん。

〈これは、ヒダル神というもんが憑いたんじゃの〉と思うた。

その時に、昔の話を聞いとったけん、ヒダル神に飯を食わして、我《わ》も食わにゃ歩けるもんじゃない、

いうことを聞いとったけに。たとえ一口のものでも、我が食うより先に、
「ヒダル神様、どうかこのご飯を食べてください」
言うて、供えてから、我が食わなんだら元気にならん。供えにゃ動《いご》かん。そのご飯を食べたいがために、こち（人間）をかつやかしよる（餓えさせる）んじゃき。その時は、飯をなんぼ、この手のくぼに入れるぐらいあっつろうかなぁ、そいつを出して三分の一ぐらい供えて、あとを食べてから元気に戻ったよ。

山で仕事をする時は、一粒でも二粒でもご飯を食べ残して戻るもんじゃ、歩くもんじゃという。ヒダル神に憑かれたら、なま汗が出て歩けんもんじゃけに必ず持っとる。そこで餓《かつ》え死んだ人かなんかがおるんじゃないかな。

（――高知県―― 常光徹『土佐の世話話』青弓社 一九九三）

魔ドウ道

これはのう、ずうーっと大畝《おおうね》という。ここでいうたら高知県と愛媛県との境に通しの畝（尾根）というところがある。山から始まって海なら海、山なら山まで一つもその畝が切れずにつづく、通しの畝がある。なわめの道という。魔《ま》ドウ道ともいうんじゃ。それには、牛や馬を繋《つな》いじょいても、ぜったいかかっとらん。ひとりでに綱がとけておる。

歳の晩にここを歩きよったら出会うらしい。魔《ま》年《とし》の晩いうて、旧の歳の晩（節分の夜）がありましょう。それにはいいなげな（奇怪な）モノがおるそうなで。それがぬいたば（猪が体に泥をこすりつける場所）いう所《とこ》があって、それへむけて全部行《い》て、人を化かしたりするよな外道《げどう》のモノ（魔モノ）がみな集もる。

魔ドウいうモノは、殺生人（猟師）が行て弾を撃っても、茶釜の音がしたとか鍋の音がしたとかいうて、あたらなんだいうの。頭に金物《かなもの》を被っちょるけ、五体いっぱい金物を被ったのがおるんとなぁ。

その魔年の晩という晩は、全部、かずいちょる（被っている）物《もん》も着いちょる物も全部ぬいじょる。ぬいたばいう大けな水のたまる所《とこ》があるが、それへ集もって、

「今晩はもうおんばもそうけ（笊《ざる》）もなにもかにもぬげ」
言《ゆ》うて、踊りしよるもんやと。その時、殺生人が行て魔ドウを撃ちゃあ弾があたる。けんど、それはなかなか撃つんが（撃つ者が）なかったもんじゃいうて、昔から言う。

この晩（魔年の晩）は、金物や銭やなにかを担《にの》うて通りよるやつがおるんとなぁ、魔ドウに。ジャリン、ジャリン担うて歩きよるんじゃけ、魔年の晩には。そいつを度胸のええ殺生人がぶち切ったら金が貰えるんよ。なかなか度胸が定まらんけ、よう切らん。これを切って出世した者が昔はあったというけんど、真《まこと》やら嘘やらわからん、そういう話も聞いとる。まぁ、魔年の晩には歩く気がせんねぇ、なにに出会うかわからんぜ。とって食われるかもしれん。

畝《うね》には魔ドウの道がなんぼもあって、何百おるものやら、みなが通りよる。それが嘘と思やぁ、牛というものを繋いじょってみよという。越知面《おちめん》（高知県高岡郡梼原《ゆすはら》町）の井の谷の、部落の公会堂の表の道の、川のまん中に大けな石があるんよ。三間ばぁ（ばかり）の大岩がある。馬でも牛でも水を漕《こ》いで遊ぶけ、体を冷やいたりするにゃ良《え》えとこよ。岩の表ひらへ長い綱つけて、岩の上の木に繋げとくんじゃ。良《え》えとこでよう繋ぎよった。ところが、人間のおる間は解かんぜ。人間がおらんようになったら、いつとなしにな解いてしもうて、放しで遊びよる。そういう生き物を取って食うものが来るんじゃなぁ。

（——高知県—— 常光徹『土佐の世間話』青弓社 一九九三）

恐山の亡者

田名部町《たなぶ》（青森県むつ市）の人で、福嶋金次郎という人があった。この人は明治十六（一八八三）年に死んだのだが、非常に恐山《おそれざん》とは親しい人で、山の寺ではこの人を「オトウ」とよんでいた。「オトウ」はすなわち父さんの略で、最も親近な年輩の人を、最も親近な語であらわしたこの辺の言い方である。

オトウは、寺のいろりで夜の更けるのも忘れて、昔語りに興じている時でも、いきなり立ち上がると菩提寺の庭先から下駄をつっかけて地蔵堂の方へ出かけてゆく時がある。はじめの頃は、人々が不思議に思って、帰って来て、座につくのを待ちかねて、

「オトウどうしたのだ」

と聞くと、

「なに、また亡者がやって来て、とまどって困っているから、ちょっと石段の所まで送って行って来たのだ。それにしてもかわいそうに、彼も冥途へ来るようになったたか」

と語った。

オトウの目には、亡者が山門から本堂へ行く姿がはっきりみえていたのだという。後には、寺の人々も看守僧《みまもりそう》もあたり前のことにしていちいち聞きただす人がなかったというが、オトウは、

「なに、人間の七魂ばかりではない。白い犬もやってくるし、また時には稲荷さまもやってくる。稲荷さまとはキツネのことだ」

と語った。

人の亡霊は本堂へでも上がれるだろうが、けだものはどうするのかと問うと、

「本堂をひとまわりすると、いきなり三途の川を渡って、うしろずさりにはって行く。いずれは畜生地獄へ行くのだろう」

と言った。

オトウが、あわれな話をすると、その翌日の朝には、かならずオトウのみた人が、もうすでに亡者になったといって寺へ知らせに来たものであるという。

(——青森県—— 北彰介『青森県の怪談』青森県児童文学研究会 一九七二)

かわぬま●怪異伝承譚

鮭の大助

旧の十一月十五日の晩は、「鮭の大助《おおすけ》」てゆう魚、海から川さ、登てくる日だど。

「鮭の大助」てゆう魚ぁ、鮭の「よー」（鮭のこと）の王様てゆう魚ですと。「鮭の大助」ぁ、川登っどぎ、

「鮭の大助、今通る。鮭の大助、今通る」

て、大声で叫《さが》びながら、登て行《ん》ぐなだど。

ほして、この声聞こえだ人ぁ、三日ど、生《い》ぎらんなえなだど。どがえた、丈夫《まめ》な人でも、ほの声聞ぐずど、三日の中え、ばえら（突然）、病気して、死《す》んですまうなだど。

んださげ、この晩ぁ、川端の村でぁ、川の仕事休んで、御祝儀すんなだど。ほうして、「どんどん」、太鼓たたえで、酒のんで、唄うだて、「大助」の声ば、聞かねようえすんなだど。

むがすぁ、本合海《もとあいかい》（山形県新庄市）の近ぐでぁ、「狐巻」どが、「かます巻」どが、大きな簗《やんな》*一こしぇでで、組《くみ》で、鮭獲《と》ったもんだど。

「狐巻」さは、稲荷様あって、ほごさ拝むど、大漁になるもんだけど。「かます巻」てゆうなぁ、ほどの簗でぁ。叺《かます》*二さ、入れるほど、鮭とっださげ、「かます巻」て、ゆう名前つけだんだど。

＊一　川の瀬などで魚をとるしかけ。
＊二　わらむしろで作った袋。

（――山形県――　大友儀助『新庄のむかしばなし』新庄市教育委員会　一九七一）

よぞう沼

むがし、むがし。

萩野（山形県新庄市）ではないげんども、遠ぐない村に、よぞうという名の若者《あに》住んでおりましたけど。

ある日な、山の方さ上ってって沼あるどさ雑魚《ざっこ》取りに出がげだど。その沼はな、うんと魚の掛がるつづみ（沼）でありあんしたべ。沼のほどりで赤い魚掛がったけどな。そごで昼にもなったんだし、赤いその魚ば焼いで喰うごどにしたど。枯木ば集めでな、魚は串さ刺して炙《あぶ》ったど。すっと、美味《おい》しそうな煙が出て、んめそ（美味《うま》そう）でんめそうでな、焼げんな待ぢもどましくて（待ちきれず）喰ってみだど。ほすっと喉が乾いで、喉が乾いでな。水飲まねでいらんねぐなってしまったど。

沼の水ば、まず手で掬《すく》って飲んだど。ほんでもまだ飲みでけど。沼の水さ口付けでゴクリ、ゴクリ、飲みにかがったど。沼の水みながら（全部）飲んでしまったど。ほんでも、まだ喉乾いだな治らねなだけど。沼の水ば、とうとう、一滴も残さず飲んでしまったど。ほんでもたげただね（間に合わない）くて、沼のまん中の水の湧いで来るようだ場所までズブ、ズブ、ど沼の泥土の中さ入って行ぐなだけど。ゴクゴクゴクどまだ沼の中で飲んでいるうち足や手さ鱗が生えで、まなぐ玉（眼球）ランランて光り出し、耳まで口が切れで、蛇体《じゃんで》になっていだなけど。蛇になったおの、よぞう家さ帰らねぐなってしまったどは。ほすっと、家の人だ心配してな、

「ないだて、よぞう、夜あがり遅いごど。山の沼《つづみ》さ魚取り行ってもこんげ遅くなるじゃねべ」

山さ迎げに行ってでみだればな、まっ暗い中によぞうがいだけど。みんなして呼ばったど、

「よぞう！　よぞう！　早ぐ家さ、帰るべや」

「おっ母さん、おれな赤い魚喰ったらば喉乾いでよ、あんまり水飲みすぎで、こげた大蛇の姿になってしまいあんした。んださげて、どうか、おれどこば迎げ来ねでけろ」

て、悲しそうにいうと、サンブリ、ど水の中さ入ってしまったど。

「よぞう！　よぞう！　もう一回顔みせてけろ！」

て、家の人呼ばったれば、

「ほれ。おら、蛇体になってしまったなだ。蛇体ど同じだべ」

んだほえ（そのとおり）蛇体《じゃんで》みでに牙が生えで、ツンと耳こ出で、すっかり蛇になっているけど。親だちはがっかりして山道下りで行ったけなよ。

沼の魚取って喰ったおかげで、よぞうは沼の主になって水守るようになったなと。

その沼ば、よぞう沼と呼ぶようになったなと。

んださげて、やたらに沼さいって、魚取ったり、食ったりするもんでねもんだ。

（――山形県――　野村純一・野村敬子『雀の敵討』東北出版企画　一九七六）

大鰻

昔、米《こめ》ケ袋《ふくろ》（宮城県仙台市）へ毎年お盆になるとやって来て、家々で盆棚のお下りを馳走になって行く坊さんがあった。何十年となく毎年きまって来るのであったが、少しも年をとった風もなく、いつも変らない顔をしていた。

ある年のお盆に坊さんが例のごとくやって来て、とある一軒の家を訪れた。折からその家に若い者が集って、下の淵には年経た大鰻《おおうなぎ》がいるそうだが、一つ毒もみをやろうと相談していた。坊さんはそれを聴くと、

「盆中に、するに事をかいて左様な殺生はやめるがよい」

と言って、しきりにやめさせようとした。そして、その日は麦飯をふるまわれて立去った。そのあとで若者たちは、

「あの坊主は毎年来るんだが、さっぱり年をとった様子もなく、今毒もみの相談をしきりにやめろといっていたが、こりゃひょっとしたら淵のぬしではあるまいか。一つ跡をつけて行ってみよう」

と言ってその中の源兵衛という若者が、いそいで坊さんの跡をつけて行ってみると、坊さんは崖を下りて淵の中へすうッと吸い込まれるように入って行って見えなくなった。

さてこそと源兵衛は皆のところへ取って返して、一同で毒流しをしたところ、大きな鰻が浮びあがった。その腹をさいて見たら中から麦飯が出て来たという。それで源兵衛淵とよぶのだそうである。

（――宮城県―― 三原良吉『仙台伝説集』仙台市役所 一九四九）

亀鰻合戦

ずっとむがすのこと、田尻に蕪栗沼《かぶくりぬま》（宮城県栗原市）という大っきな沼があったど。沼の周りに蕪《かぶ》のように大っきな実のなる栗の木が、いっぺえおがってた（生えてた）んで、蕪栗沼というんだど。その沼に甲助という大亀が棲み付いてだど。

ところが、この沼さ瀬峰川、富川、芳刈川という三本の川が流れ込んでて、このうち一番長いのが富川で、その川に鰻《うなぎ》の長助が棲み付いてたど。

亀の甲助と鰻の長助は行ったり来たり仲良くしてだげんども、ささいなことで仲違《なかたが》いしたど。鰻の長助は何とかして亀の甲助をやっつけでやっぺ、と思って、沼崎の鴨撃ちの名人どこさ行って、

「お前さんの腕前を見込んで頼みさ来たんだが、来月の九月朔《ついたち》の晩に蕪栗沼の甲助と勝負することになりすた。お礼はうんとはずむがら、どうが甲助の甲羅をぶっつぁいでけねべが（ぶち壊してくれませんか）」

て頼んだど。鴨撃ちは、

「ああ、いいども」

て引き受けたど。

その日がやって来たど。鴨撃ちは自慢の鉄砲を持って蕪栗沼さ行ったど。ほうして、一番大っきな栗の木さ登って待ちかめでたら、亀の甲助と鰻の長助がぞろぞろ子分どもを引き連れてやって来たど。亀の甲助が沼の縁さ上がって呪文を唱えたら、真っ黒い雲がもっくもっく湧いてきて、ザーッと大雨が降ってきたど。鰻の長助も負けてられねんで、嵐を呼び起こして、甲助さかかってったど。それを見て鴨撃ちはすっかりたんまげてしまって、長助に頼まれたことも忘《わ》せで、夢中で家《え》さ逃げ帰《げ》ったど。

次の朝ま、鴨撃ちは、今頃はなじょなった（どうなった）べ、と思て、おっかなびっくり行って見たら、沼が真っ赤な血の海になって、岸に鰻の長助が傷だらけになって死んでたど。

それから長い年月がたって、この蕪栗沼と富川は自然に流されて来た土砂で埋まって、浅くなってしまったど。ほうして、今では立派な田圃になってしまったげんとも、広い田圃の隅コに亀の子おっぽれという沼が今でもあるんだどしゃ。

（――宮城県――　佐々木徳夫『陸前昔話集』岩崎美術社　一九七八）

甲田池の河童

十人村《じゆうにん》の甲田池《こうだ》*に河童《かっぱ》が住んでいた。同村の斎藤文治が馬を池の畔につないでおいた。しばらくすると、池の中より河童が出て来て馬のたづなをはずし、馬を池の中へ引っ張ってつれこみはじめた。馬は驚いて跳ね上がり、家に飛び帰り厩《うまや》にはいった。河童は頭の頂の水をこぼされたので力がぬけ、引きずられて厩の隅にいた。文治が来て見れば、河童がしきりにあやまる。そして、「何かおふるまいのある時は、きっと入り用だけの膳椀をそろえて持ってくる程に、許してくだされ」とわびるから、文治はこれを許してやった。

その後おふるまいのあるたびに、いつもその前の夜きっと庭に膳椀をそろえておいた。使った後では又庭にそろえておくと、夜のうちに持ち帰った。

ところがある時、近所の人が一膳分だけそっとかくして残りを庭にならべておいた。河童は夜中にこれを持ち帰ったが、これぎりあとは膳椀を貸してくれなかった。

（――長野県―― 小池直太郎『小谷口碑集』郷土研究社 一九二二）

*長野県上田市にある溜め池の一つ。

水神様の御夢想薬

北城村《きたしろ》（長野県北安曇郡）字大出中根某の家の厠《かわや》へ毎晩怪しいものが出て、用便に行く人の臀《しり》を撫でて困った。ある晩のこと、主人が入っていると例のごとく怪《あや》しの手を延べてお臀を撫でたので、かねて覚悟のことではあり素早くその手首を捉えて力いっぱい引いた。怪物は脱れようとあせったが、遂にその腕を置いて遁《に》げた。

次の晩、家人が寝てしまってからその腕の主が詫びに来て、

「私は水神の淵に棲《す》む河童《かっぱ》です。今までの悪事は何分にもお赦しくだされ。今晩は腕を戴きに参りました。その腕さえ返してくだされば、その御恩報じに河魚を毎晩捕えて来て進ぜますで、どうぞ盥《たらい》を出しておいてください。生きのまま入れておきますから」

といかにも哀しそうな声で訴えるのである。河童の奴め、何をいうか当てにもならんと思ったが、そんな腕を家に置いても仕方ないので返してやった。河童は喜んで帰った。

試みに晩になって盥を庭に出しておき、翌朝見るとぴんぴんした河魚がたくさん入れてある。毎晩

毎晩それが続いたが、ある晩盥が塞がっていたので鍋を出しておくと、河魚は一匹も入れてなかった。それから又盥に代えたが、もう河魚を貢ぐことは絶えてしまった。

河童が腕を貰いに来たとき、その御礼だといって調合法を伝授したという妙薬があった。「水神様《すいじん》の御夢想」といって諸病に効験あり、ことに産前産後の腹痛に効くというので、遠方から貰いに来たものだという。薬は黒い粉で萩に似て白い花の咲く草木を材料にするということだが、河童秘伝の妙薬のことであれば、委細は聞きうべくもない。

（——長野県——　小池直太郎『小谷口碑集』郷土研究社　一九二二）

かっぱの話

私の母方の祖父がそういう話ば、してくれてね。

中村（島根県隠岐郡隠岐の島町）の今、一之森神社という所にお寺があったんだそうです。今は、常楽寺というのがその下にあるんですけれど。あの辺りの上には、昔のお城の跡があったんです。お墓などもたくさんあって。

今の一之森神社の横の所に、掘ったような池があったんですけど、私はそこの話かなあと思っていたら、祖父《じい》さんは、新土手の新土手橋の大きい橋の所、あそこは昔は淵だったんですね。そこの新土手のかっぱの話でね。

橋の下にかっぱが棲《す》んじょった。ほんでまあ、悪い事ばっかり。子どもが通れば引っ張って水の中に引っ張り込み、野菜、きゅうり、なすびは取って食べる。ほんでまあ困って、「どげすれゃいいじゃやい」て、相談したら、お寺の和尚さんが、

「よしよし、わしがいい具合に話をつけてやるけん」

て、言われて、馬を連れて行って、その川の土手につないでおられたそうです。

そうしたら、かっぱは、〈しめしめ、きょうは以外《がい》なものが来たぞ〉と思って、馬を引きずり込んで、尻ゴを抜こうと思ってやったら、馬は強かったもんだけん、それこそ、

「ヒヒーン」

と、後足で蹴《け》られてしまって、そしたら、綱もいい具合につないでなかったんだって。それも、和尚さんの考えでしょうけど。蹴られた拍子に、かっぱは馬の尻尾《しっぽ》に掴《つか》まったそうです。馬は馬で、もう一目散に駆けて寺まで行った。そげしたら、寺まで引っ張られて行くけん、顔中、体中、かっぱは血だらけで、皿の水ももう無いやになってしもうて、息も絶え絶えだったって。それから、和尚さんが、

「お前がここの川を出て行くなら助けてやる。どげする」

ていう談判された時、したら、

「はいはい。それならわしは、十二時過ぎたら、ここの川を出て行きますけん、最後の頼みですけん、七十五丁の松明《たいまつ》を作ってござっしゃい」

て、言ったそうです。そしたら、夜になって「ヒタヒタ」音がして、港の坂を七十五丁の松明を持って上って、久見《くみ》の川に移ったんだそうです。

だから、その時に、「ヒタヒタ」足音がして、かっぱが去って行って、それからは中村の川には、かっぱはいなくなったんだそうです。

子どものころには、七十五丁の松明とは、何なのかと思っていたのですが、七十五本の松明のこと

だそうですね。

それで私たちも、そのかっぱが久見に移り棲んで行ったのかと思っていました。そしたら、そのずーっと後になってから、西郷町で名人、夜芸大会というのがあるんです。そのとき、役場の青年団が芝居をやったんです。そしたら、久見で棲めなくなった中村のかっぱが、西郷町に出て、西郷町の有木《あらき》の川で悪さをしている話をやったんです。

そのかっぱは、もしかしたら、中村でいたかっぱの子孫かも知れないと思うと、おかしくって。


(――島根県――　『民話と文学』第三四号　民話と文学の会　二〇〇六)

川太郎の恩返し

杉松爺がなぁ、背中あぶりしとったんやと、囲炉裏《ゆるい》で。杉松爺が、背中あぶりしとってな、ほそ灰[*一]をかき出して、背中あぶりをしとったんじゃて。

そしたら、障子をな、唾《つばき》をつけてなめちゃ、障子に穴をあかすんやて。また川太郎が、いたずらしるなと思ってな、いつかもいたずらしる[*二]とみえて、そっから川太郎がな、のぞいて、

「杉松爺、相撲とらぁう」

って言うんじゃて。うるさいで、〈嫌や〉と思って、黙っておったらな、

「爺、わりゃ、俺《いら》に負けるもんやで、ほれやもんじゃ[*三]で、相撲とるの、嫌なんやろ」

って、言ったんじゃて、川太郎が。ほれじゃもんじゃで、杉松爺も、〈こがいあいつを、増長させるとあかん〉と思ってな、

「何言っとるんじゃ、われのがいもん[*四]に負けるもんか」

って、言ったんじゃて。そしたら、

ほいたらやっぱし魔物じゃもんじゃでなぁ、障子の唾をつけた穴ん中から、スーウッと入って来てな、小坊主になって。ほして、相撲とりだしたんじゃけども、二人で、ドタンバタンとやりだしたんやと。

ところが、〈こんな小さい奴、一ぺんにねじ伏せられる〉と思っとて、爺もたかをくっとった。ところが、それがまあ、うなぎをつかむみたいに、のらりくらりと、ひとつも川太郎がな、つかみ所《どこ》ないんじゃて。ほいて、どうにかするると、杉松爺が負けそうになってな、〈こりゃ、こげんなもんに負けちゃかなわん〉と思って、また、〈調子づいて、何をするかわからん〉と思って、それで、だんだん、あっちの囲炉裏端《ゆるいばち》へ連れてってな、手をぬらいて、唾をつけて灰をべたっとつけてな、

「さあこい」

っていって。灰をつけたりゃすべらんで手が。ほして、それを負かいてな、手をねじ上げて、ほいて、手がポキンと折れてな。

そして、そのまま出てったんやてな。ほいで、杉松爺も、〈手がこりゃ折れたんじゃ、かわいそうに、その返《かや》いたらなあかんな〉と思って、ほんで、〈そのうち取りに来るわ〉と思ってな、自在鉤《かぎ》に腕をひっかけておいてな、ほしといて夜になって寝たんじゃと。また、

「杉松爺、杉松爺っ」

って言うんじゃて。ほいでな、

「その手を返いてくりょ」

って言ったんやって。ほいでまあ、

「そうも欲しかったら入ってこい」

って言ってなぁ。そしたら、そこの自在鉤のとこに吊るいたんや。

「そがいとこに吊るされるとな、しなびてまってぇ、俺の手が動《いご》かんようになるで、嵌《は》めてくりょ」

って言ってな。

ほんじゃもんやで、気の毒になって、そして、突き差して嵌めてやったんじゃて。ほしたら、

「ありがたかったな」ってな、

「まあ悪いことしんでな、許いてくりょ」ってな。

杉松爺が魚釣りに行くとな、どこへ行っても始末におえんほど魚が釣れるんやと。川太郎が魚を集めてきてな、世話してこうしたんやと。

川太郎の恩返し、本当の話や。

＊一　ほそ灰＝囲炉裏の中の灰。＊二　いつもいたづらしる＝いつもいたづらをする。
＊三　ほれやもんじゃ＝それだから。＊四　われのがいもん＝お前のようなもの。

（――岐阜県――　大橋和華・野部博子『岐阜・揖斐渓谷の昔話と歌』民話と文学の会　二〇〇三）

川原呼び声

今から二十一年前、大正三（一九一四）年八月十三日の大洪水で横死を遂げました精霊が哀れ三百以上もあったといいます（富山県富山市）。

これらの死人は皆神通川、井田川、熊野川の三河流で溺死を遂げたので、その亡霊は水が減った十四日の晩から雨の夜、風の夜、月の夜の嫌いなく三川の川原や橋を通行する人の影を見ると、「助けて呉れ……」と此処《ここ》にも彼処《かしこ》にも凄い哀れな声を挙げて袖に縋《すが》るように聞えるという噂がパッと立つと、俺も聞いた誰も聞いたと忽《たちま》ち亡霊に尾鰭《おひれ》がつき、神通新大橋、俗称聯隊《れんたい》橋を中心として、上流有沢橋から下流北陸線鉄橋下までが亡霊出顕の本場となり、あの柳の影から青い瓦斯《ガス》のような光を放って現われ来て、一丸となって音を発して消えたとか。

川沿いの鵯島《ひよどりしま》や安野屋町、田刈屋さては神通町一部の民家では、ことにショボショボ降る雨の夜、「助けて呉れ……」という声になやまされるので、オチオチ眠られないという話。

また神通川の旧川では桜橋を中心として赤十字社病院裏から奥田村堤防、元地蔵堂のあたりが最も

「助けて呉れ……」を耳にするので、これがため一等業務の邪魔をされますのは夜川を漁《すなど》る七軒町、鉄砲町、船頭町などの漁師達なので、さすが頑固一徹の船頭さんも「助けて呉れ……」には叶わず、釣竿の手がブルブル慄《ふる》えて無意識のうちに冷汗が腋の下からタラタラと流れ出て、めったに称《とな》えたことのない念仏が口を衝《つ》いて出る仕末で、網や針にひっかかった魚類をも逸する訳ではコリャなんとか、ひと工夫せねば漁はともかく命が縮まるという所から、八月下旬、漁師一同申合わせ、神通大橋に数十名の僧侶を招いて水難亡魂の大施餓鬼会《せがきえ》を厳かに修めましてから、その後この怪談が止んだと伝えます。

（――富山県―― 小柴直矩『越中伝説集』富山郷土研究会 一九三七）

うみ●怪異伝承譚

ミサキ

これはのう、ある漁村の話じゃ。

月夜の晩に、おじいさんのそのまたおじいさんが、伝馬《てんま》に乗って、沖へ沖へと出たと。

釣り糸をたらしとったところが、なんやええ気持ちになって、とろりことろりこ、眠ってしもうたと。

ほいたところが、遠い所から、

「おーい、おーい」

という呼ぶ声がするがやと。

ほんで、声の方をふっと見たところが、何か白いもんがおるらしい。それにその白いもんがこっちゃへ向けて来よるけに、しっかり見ちゃろと思うて、目をいっぱいひろげちょったと。そいたところが、どうも女子《おなご》に似いちょって、ひしゃくを持っちょるみたいやったと……。

それがだんだん近づいて来よって、そのひしゃくで今度は海水を入れだしたと。おじいさんのそのまたおじいさんは、びっくりしたやら、困ったやら、もうどうしょうかと思うて、おろおろしっぱなしやったと。けんどな、放っちょいたらいかんと思うて、

「おまんは、人の伝馬に何するんや。やめとうせよ」

と言うたところが、一向にききめがないと。このまま放っちょいたら伝馬が沈むもんやきに、一生懸命、水をかい出し始めたと。もう死にもの狂いでやったと。

けんどやっぱり、女子の方もやめんと水を入れるがやと。ほんでおじいさんのそのまたおじいさんも、負けんと水をかい出したと。

そうしゅう内に、夜が明けて来たと。ふっと気がつくと女子の姿はなかったと。

まあ伝馬も沈まんかったことやき、と思うて帰ったと。

その女子ちゅのはな、あとで聞いてみたら、伝馬を沈まされた人らの魂やと。ミサキというんやがな。ミサキは、この世に未練が残っちょるきに、どこへも行けんのじゃ。それで仕方なしに海の中をさまようて人をみつけては、舟へ水をいれるがじゃと。けんどな、ミサキは、月のきれえな晩しか海から出ることが出来んのじゃ。可哀そうなもんじゃわい。

これでこの話はおしまい……。

（──高知県── 市原麟一郎『土佐のお化け昔』講談社 一九七五）

磯女

有明海に面した西郷（長崎県雲仙市）という所では、一人の相撲取りが、白砂に緑の続く海辺を通った。すると、松原の中にある石に、一人の女が腰を下ろして、沖の方を眺めているのに出会った。女の黒髪は長く、その端は砂原に広がっていた。相撲取りは、こんな夜更けに、しかも淋しい松林の中で何をしているのだろう、と思いながら女の方へ近づいて行った。

女は若くその横顔は美しかった。声をかけて彼女の後ろを通り過ぎようとしたその時、沖を眺めていた女が、耳の鼓膜を破るような、鋭い一声を発した。

彼は、その声に驚きその場にたたずんだ。女の長い髪は、いつのまにか彼の体にふれていた。彼の血はその髪の毛を伝わって、ことごとく吸われてしまった。

翌日、彼を見つけた村人たちは、家へ連れ帰って床につかせたが、遂に死んでしまった。村人たちは、磯女の仕業といって恐れた。

（――長崎県―― 榊敏「伝説の島原」〈『旅と伝説』二―七〉三元社 一九二九）

共潜《ともかず》き

海女《あま》が海深く潜って行くと、自分と同じ服装をしたもう一人の海女が海底で這っていて、ニヤリと笑いかける。そして、手を引いては暗い中へ誘い込もうとしたり、時にはあわびをよこしてくれたりする。

浮き揚がってあたりを見回しても、自分の船以外に一艘も海女の船は見えない。不思議に思って、また潜るとやはりいる。正真の海女と思ってあわびをもらったり、誘い込まれて行ったりすると、潜水時間がのびてしまって、ついには窒息し、溺死する。共潜きだと知って、もしあわびなどくれにきた時は、背後へ両手を回して、後ろ向きのままでもらってくれれば安全だ。

曇天の日に限って、よく出会わすともいう。また蚊帳《かや》のようなものを、被《かぶ》せてよこすともいう。

共潜きを見た海女は、のち海へ潜らず、またこの話を聞いた隣村の海女たちも、二、三日は「日待ち」をする。海女は、魔除けのため、磯で使う手拭いや身に着けるもの一切に印をつける。

（――三重県――　岩田準一『志摩の蜑女《あま》』アチックミューゼアム　一九四〇）

海坊主

お盆の十三日の夕方晩《おそ》くまで海で漁をしていると、きっと何か凶事があるという。

昔お盆の十三日に漁に出た漁師等が、あんまり釣れないので、もう少し釣りたい、もう少し釣りたいと思っている中に、すっかり日が暮れて仕舞った。皆が、

「さあ、帰らざあ」

と言って帰り支度をしていると、海の中からもっくりと大きな黒いものが出て来た。それを一人の漁師が見出して、恐る恐る、

「そりゃあ、なんだぇ」

と言ったので、皆その方を見ると、髪の毛を振りみだした大きな海坊主だった。

さあ、たまらない。皆震え上って、身動きも出来なくなってしまったが、ちょうどその船の船頭は大変どきょうの大きい人だったので、ぼんやりしている人々に大声で、

「さあ皆漕げ」

と命令し、自分が先に立って一生懸命磯の灯を目あてに漕ぎ出した。

するとその海坊主も抜手をきって泳ぎながら、

「柄長《えなが》を借しょう、い、い、柄長を借しょう、い、い」

と言って船へたぐりついて来るので。乗組の一人は柄長柄杓《えながびしゃく》の底を打抜いて海へ投げ込んでやった。そうすると船も、もう磯近くまで来ているし、もう駄目だと思ったのだろう、海坊主はそのまま消えて仕舞った。

漁師等は生きた心持はなくて、船のともも廻さずに舳《へさき》を陸の方に向けたまま引きずり上げて、がたがた震えながら家へ帰った。

これは私の祖母の祖父の若かった時代にあった事実だそうだ。海の化物はよく柄長を借せと言うそうだが、その時底を抜かずに柄長をやれば、その柄長で、水を船の中へ汲みこまれて船は沈められて仕舞うという。


（――静岡県―― 静岡県女子師範学校郷土史研究会『静岡県伝説昔話集』谷島屋書店 一九三四）

六部殺し

隣り村（新潟県佐渡市）の何々とゆう家にね、むかし、その、六部《ろくぶ》*がね、泊ったんだ。泊ったのを、〈漁の場を見たい〉とか、なんとかってゆうようなことだと思うんだ。船に乗してさ、沖へ出てね、そして、その坊さんを金ほしさに殺した、とゆう話があるんだ。

それからして、その家の前にねえ、毎晩、その、海ん中に火がともるちゅんだ、な。その火が、正体が知れんちゅうんだ。なにも、だれも行って、火をともすわけじゃないが、田から見ると火がともると、こうゆうんだ。

わたしの父親の従兄弟になる、その時分、相川へ行った戸板久蔵という人がね、〈よし、わたしが確かめてやる〉とゆうので、その、行って見たっちゅうんだ。

こっちから見るとあるんだが、行って見たら、火がないちゅうんだ。どうしても、火がない。正体が知れないわけだ。だから、その、六部を殺したなんじゃないかと、こうゆう伝説がね。

そして、そこの家には、今と違って、むかしは蚊張《かや》つったでしょ。ところが、その、四寸四方（約十二センチ四方）の箱の中へ入る八畳の蚊張があると、こういう、その、伝説があるんだ。持って歩くちゅのぉ。六部なんちゅう、むかしのぉ、あれがのぉ、山歩いたり、谷越えたりしる形態《かたち》でのぉ。

はたしてさ、そこの家にそうゆうのんがあるかどうかということを知っとるもんは、誰もいないんだなぁ。あると伝えられている。今では、そんな話はないけど、わたしども若い頃、もっぱらの評判だった。

そうして、その、山せいが吹いたようなとき、波がドボン、ドボンというようなときに、必ずその火が見えると、そうゆうんだ。

＊六部　六十六部の略で、諸国霊場を巡礼する行脚僧のこと。

（――新潟県――　『民話と文学の会　かいほう』民話と文学の会　第二一号　一九八〇）

船人の見た幽霊

船はともち一番（舵取《かじとり》）、とも押し一つで、どこへでも進む。あれは「ヤーギバレ、ヤーギバレ」と声を張り上げ、櫓《ろ》を漕《こ》げばよい。

あれは旧の三月だった。ギバッて、漁場へ急いだ。なんとなく風が怪しく吹いて来た。すると、向こうから船がやって来た。ちょっと見ると船だが、それは船幽霊だった。

昔は帆船で、帆を掛け風の力で走ったものだ。だから、船幽霊と区別する時には、人間の股から相手の船を見る。本物の船は、帆柱の十字の先が出ている。ここをセブといって、そこから綱を張った。幽霊の船には、この頭のセブがない。

また、櫓を漕ぐ時掛ける綱、これをハヤコというが、この綱は伊達《だて》に二本からできているのではない、呪《まじな》いのためである。櫓の持つ所と船板の下の台に付け、長短を調節できるように工夫してある。

やって来た船を、ハヤコ二本の間から見たところ、幽霊の火だった。

この船幽霊は、「大きな魚よ」と言えば大きな魚となり、「大きな船ね」と言えば、大きな船にもなる。

するとその火が漁師たちに、「きれものば貸せ」と言うのじゃ。そんな時は、とぎった（尖った）ものはやるものじゃない。船ば焦がす、焦がしてあかみちになるで。また、「あかかすり、よなご貸せ」とも言う。

海には、雑魚やキイナゴが集まっていて、ざわざわして海は真っ白になる。櫓の波のけった後も、白く濁っている。シキという。それが、ズーッと船の後について来る。

夜明け方、とも押しがまた声を掛ける。この時、大きな音を立てて、人間の子が飛んで行った。それが船幽霊だったのじゃ。朝になって、船から離れる時、人の姿になって飛んで行ったのじゃ。魂消《たまげ》たことよ。船が座礁したり、沈んだりするのは、この幽霊の仕業じゃ。海で死んだ者がなるんじゃ。憑《つ》いたら念仏を唱えれば落ちる。キリストの念仏じゃ駄目じゃ。

（——長崎県——　関山守彌『日本の海の幽霊』自刊　一九八二）

幽霊船

暗夜の海上、友人の乗っている漁船の後を同じような漁船が、一定の距離をたもって、しかも、エンジンの音もしないで、すべるように走ってくる。何時間走ってもその船との距離は同じである。試みにスピードをあげてみたり、さげてみたり、止まってみたりしたが、その船は、友人の船と同じように走る。しかも、その船には、人が乗っていそうな気配がない。ただ、灯火だけが、煌々《こうこう》として輝いているだけであった。〈肌に粟が生ずるおもいとは、あの時の体験だった〉と友人はいう。

さて、あまりの不気味さに友人の船は、全速力をあげて、港をめざしてひた走る。怪船も後についてくる。何時間か走ってようやく港の灯が見えてきた。そして、港の灯火で周囲が明かるくなりはじめた頃、怪船は幻のように消え失せていた。

友人はじめ乗組員たちは、ホッ！　とするやら、ゾーッ！　とするやら。先輩漁夫から聞いてはいたが、幽霊船（または亡霊船）が現実にあらわれることに驚いた、と、友人は話してくれた。

昭和三十二（一九五七）年十二月十三日金曜日、季節はずれの台風にみまわれ、陸前江の島（宮城県牡鹿郡女川町）の東方海上で漁船が遭難沈没し、乗員全員が船と運命を共にした。もちろん遺体は発見されない。

その翌年、ある漁船（友人が乗っていた）が、風浪のため０港に避難仮泊していたときのことである。前記の沈没した筈の漁船が、賑やかな歌声とともに入港してきて、友人が乗っている船に近づいてきた。

「あれは幽霊船だから行ってはいけないぞ」

と、友人が注意している矢先に一人の漁夫が、

「やあ、みんな助かっていたのか。いままでどこに避難していたんだ」

と、友人の制止もきかずにその船に乗り移った。

とたんに、その船は、かき消すように見えなくなり、その漁夫は海中に落下、そのまま天国行きとなってしまったという。

（――宮城県――　『民話と文学の会　かいほう』第六号　民話と文学の会　一九七六）

隠岐丸の三つボタン

かなり以前のこと。

たくさんの客を乗せた隠岐《おき》丸の二号と三号が、航海中に衝突して多くの死者を出して沈んだ。* ところがそれ以来、イカ釣りなどで夜の海に出ていると、その隠岐丸がしゅうっと音をたてて走って行くのをいくども見ることがあった。隠岐丸には煙突に三つボタンが描かれているので、すぐにそれとわかる。

保々見《ほぼみ》（島根県隠岐郡海士町《あまちょう》）の徳山千代子さんの父親が、ある夜、仲間の船といっしょにイカ漁をしていると、どこからともなくシャーシャーと、まるで火の玉でも飛ぶような音が聞こえて来た。ふしんに思って、いっせいに声をひそめて見ていると、大きな黒い船が自分たちのまえをゆっくりと走って行く。暗闇であったが、たしかに煙突に三つボタンのある隠岐丸だった。船の上では何やらワアワアワアワアと騒いでいるが、声だけで人影は全く見えなかった。

みな、しばらくは茫然とその船を見ていたが、気がついた一人があわてて船を港のほうへ走らせると、みないっせいに船をまわして港へ帰って来たという。途中、峰というところを過ぎるあたりまで誰一人もしゃべる者がなかった。それは、霊を見たときには決してものをいうなと、昔からいわれているからだという。

＊大正二（一九一三）年九月二十日、隠岐航路の第三隠岐丸と第二隠岐丸が衝突、第三隠岐丸が沈没して十名が死亡した。

（――島根県――　『民話と文学』第一号　民話と文学の会　一九七六）

梅吉を出せェ

「海幽霊がはたへきたら、どんなことするぜよ。妖怪よりこわいかよ」

「おんしら、船へ乗りよって、海幽霊のことも知らんか。海幽霊は気味が悪いばあで、なんちゃあ恐いこたない。ええか、はたへ来たら、言うとおりにしたらえい。海幽霊は〝ヒシャクを貸せ〟いうきに、そこにある底の抜けたヒシャクを貸しちゃれ。ほんならこの船へどんどん水を汲み込むが、底が抜けちゅうきに、水は入りゃせん。そのうちに海幽霊はだれていぬらあや（去って行く）」

「まことかよ」

「まことじゃ」

と、梅吉つぁんは落着いたもんで、声の近寄ってくるがを待ちよったが、だんだん声が近寄ってきて、かなりはっきりしはじめると、梅吉つぁんの顔色が変りだいた……が、なにしろ暗い海の上じゃろ、舟方らあは気がつかん。梅吉つぁんを頼りにしきって、なんぞ芝居でも見るつもりで、声のする方を見ゆう。

その内に、梅吉つぁんは、顔色ばあでなしに、体までカタカタ震いだいたもんじゃきに、ようよ舟方らあも、梅吉つぁんの異常に気がついて、

「親方、親方、どういたぜよ」

「う、うん、あの海幽霊の声は、どうも丑《うし》にかあらん。たしかに丑の声じゃ。丑じゃったら〝ヒシャク貸せ〟だけじゃすまんやら知れん。ええか、おらこの帆びつ（使用しない時の帆を入れておく木の箱）へ隠れるきに、海幽霊がもしおらの事を問うたら、おらんと言え、ええか、おらんといえよ」

「どういたことぜよ。さっきまで度胸と肝っ玉で五体がはち切れそうに言いよったが」

「おらあ、丑にふとい借りがある。そこへもってきて、約束を破ってバクチを打ったばっかりじゃきに、丑が怒って出てきたがじゃ。ええか、もしおらのこと問うたら、この船にゃ梅吉は乗っちょらんといえ。おらあ丑が苦手じゃ。どうでもおらんいうて言いはれよ。わかったねや」

と帆びつへ入ったと。

舟方らあも丑やん、梅吉つぁんと同じ土地の人間じゃき、十年前の丑やんとのいきさつは話に聞いて知っちゅう、

「そうかよ、ほんならわしらあで、なんとかやってみるきに、しっかり隠れちょり」

いいゆう内に、近づいてきて、

「この船にィ……梅吉がァ……乗っちゅうろうがァ……梅吉を出せェ……梅吉を出せェ」

と、波のうねりの間に間に、はっきり聞こえだいたと。

舟方らあは、ゾンとして、口がからからに乾いたけんど、声を絞り出すようにして、

「こ、この船にゃ、梅吉つぁんは乗っちょらんぜよ」

「梅吉を出せェ……」

それまで順風に乗って、スイスイ走りよった船がピタッと停まって、

「梅吉を出せェ……」

「梅吉つぁんは、乗っちょらんちゃ」

「梅吉を出せェ……」

「おまん、そろうどいうなら、船へ上って来て調べてみいや。まこと梅吉つぁんはおらんがじゃきに
……」

突然、ピクッと停まっちょった船が、右に左に大揺れに揺れだいて、今にも転覆しそうになってきたきに、あわてて、

「そうしな、そうしな、なんぼ揺すくっても、梅吉は出てこんぜよ」

と、船べりやら、帆柱にかきついて、口々に大声でしゃけり（叫び）よったら、

「梅吉を出せェ……梅吉を出せェ……」

いう声が、だんだん遠のいて、かすかになり、とうとう聞えんようになったと。

「親方、親方、丑やんはいんだ（行った）にかあらんが、どうするぜよ」

「おらあ、このまま入っちゅうきに、おんしらで早ういね」

と、妖怪の時の威勢はどこへやら、ガツガツ骨から震いもって帰りついたが、この、

「梅吉を出せェ……」

には、寿命のちぢこむばあ、こり参ったか知らん、それからは死ぬまで、梅吉つぁんは賭け事一切に手を出さざったそうな。

むかしまっこう、星のくそ……。*

＊高知県の語り終わりの言葉。

（――高知県―― 市原麟一郎『土佐のお化け昔』講談社　一九七五）

ボウコ

西の海（新潟県佐渡市）に死者の亡霊がさまよっている。ボウコという。亡魂、亡光と書く人もいる。雨の夜にボウコが出る。

ボウコは舟になって見せるそうだ。アイの風だから舟を西に向けていると、ボウコの舟にかぎって反対の東に走って行く。風上へ向かうのに帆をはらませているから不思議だ。舟には人影もないのに、しきりに話し声がする。

夜の海を行くと、シオノメとかショナミといって、舟が波を切る時に光が出る。暗ければ暗いほど潮がピカピカ光る。夜光虫が光るという人もいる。しかしボウコの舟には波の光がない。暗夜の海上を波音も立てずに通り過ぎて行く。

雨の降り始めに一面のもやがかかると、どちらが磯やら沖やらわからなくなる。さあ、浜に入らねばと舟を進めると、ふいに大きな岩が現われる。

「ここにゃ岩があるはずねえんだが」

「いや、ボウコにちがいねえ」

「かまわん。舟をやれ！」

と、岩に舟を突っかけると、岩は二つに割れ、ざばーっと海に沈んで行く。これもボウコが岩になって見せるのだそうだ。


ボウコの舟について行くと危い。夜の海では磁石を頼りに舟を浜へつける。関の浜へ入る時は、磁石の十二支のミンマ（巳と午）を表にとれば、どんなに暗かろうが舟をつけることができる。そうして一人が、

「こっちだぞ、こっちへついて来い！」

と呼べば、あとの舟はそれについて行けばよい。


ボウコはさまざまな変化を見せる。夜の海で漁をしていると、ふいに海が光りだす。光の車がくるくるところがり、さーっと頭上を越えて彼方の海へ消えて行く。恐ろしいものだ。

昭和二十年に電気がついてから、ボウコはあまり見られなくなった。いまでも六十以上の者ならほとんどがボウコに出合っている。

昔は能登の海女《あま》が外海府《そとかいふ》（新潟県佐渡市）の海へアワビやサザエを採りに来た。日露戦争のあとの話

だ。海に潜ると十尋《とひろ》ほどの底を、ロシア海軍の死体が流れて行く。日本海の海戦で沢山の水兵が死んだからだ。死骸はみな頭を下に、二本の足を上に向けて流れて来た。それを見たのが一番恐ろしかったと海女たちは話していた。

真更川《まさら》の沖でよくイカ釣りをした。五人乗りのテントの舟で漁をする。ガラスの箱に石油ランプの入った〝ゲントウ〟(舷灯)をヘサキに吊し、その明りでイカ釣りをした。昔のことだが、海の底に自動車のライトのように、大きいものが二つ光って見えた。それがすうっと上って来て、どんと舟をとらえ上げると、ゲントウがガチャンと落ちてこわれてしまう。大きなサメのいたずらだという人もいる。大きなサメを「オベス(えびす)さま」とも呼んだ。

こういう時、節分の豆をまけばよい。

ボウコが出た時もそうする。必ず節分の豆を持って海へ出たものだ。

(――新潟県――　『季刊民話』第五号　民話と文学の会　一九七六)

友崎はおらぬか

昔、北田野浦《きたたのうら》（新潟県佐渡市）に友崎という家号の家があった。その家の主《あるじ》が旅の者を舟に乗せ、沖で殺して金品を奪った。死体を海に沈めたが、それから怨霊がたたるようになった。夜の海を相川通いの舟が通ると、いきなり死人の手が舟べりにかかる。次に青白い顔が舟の中をのぞいて、

「友崎はおらぬか」

と問う。

「友崎はおらん」

と答えると、残念と一声うめいて海に消えるという。

友崎は沖で死人を釣り上げたともいわれている。胴巻に金がざっくり入っていたので、それを取り、弔《とむら》うこともせずに死骸を海へ投げてしまった。それから相川通いの舟にボウコがつくようになった。

岩谷口では友蔵が旅人を殺した。旅の商人を、〝夜なれ〟にさそった。松明《たいまつ》をたいて磯に上るサザ

エを採るのだ。そこで商人を殺害し、胴巻の金を奪って死体を海に沈めた。以後、亡霊が舟につき、

「友蔵おるかあ！」

と呼ぶようになった。

こういう話はどの村でも聞くことができる。

（――新潟県――『季刊民話』第五号　民話と文学の会　一九七六）

海の死人

海に死人がいたら、漁師のしきたりとしては、拾ってこなきゃあいけんやのう。死人を積む場合には、ふつう魚をとるとき、船のトリカジ（左側）からとってオモカジ（右側）からとらんようにしとるが、死人を拾うときはオモカジからあげて、トリカジに降ろす。

港（高知県土佐清水市）に戻るときは、ふつうは大漁旗を立てて戻るが、死んだ人がいるときは大漁旗を「サカバタ」といって、上下さかさまに立てる。死んだ人を拾うと漁師は喜ぶけんのう、その一年は大漁だというから。

（――高知県――　『民話と文学』二八号　民話と文学の会　一九九五）

鱶に助けられた話

ある時、黒島（沖縄県八重山郡竹富町）のタラマモーサという人が、海で遭難してどこかの無人島に着いた。

昔、旅をするにはなはぼという箱に、着物や食べ物を入れたものだが、その箱があったのだろう。タラマモーサはその箱にあった粟《あわ》をまいたところ、幸い芽を出し穂を出した。それから種をまいてはそれを食べて命をつないでおった。

ある晩、漁《いさり》に行ったところ、鱶《ふか》が股《また》ん中にいきなりさし込んで来たので、思わず鱶の背びれを握った。鱶はぐんぐん沖へ出て、たちまち黒島に泳ぎついてタラマモーサをおろした。

黒島の人はタラマモーサはすでに死んだものと思って、十三年忌の焼香をしていた。その日、海へあさり（わかめや貝をとり）に行った人が、浜についたタラマモーサを見つけ、化物が来たといって騒いだ。

それで部落の人が棒や鎌を手にかけつけたところ、タラマモーサは鱶に助けられていま帰ったところだと話した。

その鱶は、二、三日、島の近くをぐるぐる回っていたので、祭りをしてやったら、それっきり来なくなった。タラマモーサの家では、代々、鱶は食べないという。

（――沖縄県――『季刊民話』第二号　民話と文学の会　一九七五）

おつる瀬の大だこ

大島（長崎県天草市）の原に「おつる」というおばあさんがいた。ある大潮の干潮のとき、かいかまを持って若宮から亀島へ渡って、あちこちえものを探していると、岩の間から大きなタコの足が一本出ているのを見つけだした。

おばあさんは、さっそくそのタコの足をかまで切り取り、喜んで持ち帰った。この足一本でないべいっぱいになるほどのおかずができた。

翌日もそこへ行くと、昨日と同じようにタコの足が一本出ていたので、しめたと思いこれも切り取って帰った。

こうして、毎日そこへ行っては一本ずつ切り取ってかえった。おつるばあさんは、あとは足が一本しか残っていない、今日は頭も一緒につかまえて来ようと、いつもの場所へやって来た。

あんのじょう、岩の間から大きなタコの足が一本出ていた。早速、おつるばあさんは頭も一緒にとタコの足をつかんで引き出しにかかった。しかし、反対にその足に体を吸いつけられ、とうとう海の中に引きずり込まれてしまった。
それ以来、おつるばあさんの姿は誰も見かけることができなかったという。それで、ひとびとはこの場所を「おつる瀬」とよんでいる。

（――熊本県―― 五和町史談会『五和の民話と伝承』第一集 五和町教育委員会 一九七五）

アワビを食わぬ村

佐渡ヶ島の南部に位置する羽茂町《はもちまち》（新潟県佐渡市）に大泊《おおどまり》という村がある。昔は半農半漁の村であった。

昔々のこと、大泊の漁師が船で漁に出ていたところが、急に海が荒れてきて、帰る間もなく船のカジを取られて岩にぶつかってしまった。

船はバラバラにはならなかったが船底に穴があき、海水が入り始めた。漁師は穴を塞《ふさ》ごうとしたがどうにもならず、これで一巻の終わりとあきらめていたところが、どうしたわけか急に穴が塞がった。それで漁師は無事に浜へ着くことができた。

漁師は船底の穴が自然に塞がったことを不思議に思い、船の裏を見たところが大きなアワビが付いて穴を塞いでくれていた。

それからというもの、大泊ではアワビを食べなくなったそうだ。

（――新潟県―― 『民話と文学の会 かいほう』第十二号 民話と文学の会 一九七七）

海を通う女

昔、伊豆山《いずさん》（静岡県熱海市）に一人の若い番匠《ばんじょう》（大工）があった。そこから三里沖の海に初島《はつしま》という小さい島があって、伊豆山からもよく眺められる程であったが、ある時番匠はその島へ仕事をしに行った。すると島に一人の美しい娘があって、それがその番匠に惚れ込んで、番匠がいよいよ伊豆山へ帰るという時、どうでもお前のお方《かた》（妻）にならないかんから、連れてってくりょうといって、ねじまりこんで困った。それから男は、そんじゃア、この島から伊豆山まで、百晩続けて通えばお方にしてやる、と答えた。

そうして、男はそのまま船へ乗って伊豆山の村へ帰ったが、さてその夜から、雨ン降っても風ン吹いても、毎晩毎晩初島の女は、その男の所へ通って来る。そんないに毎晩、便りの船があるわけでもないけんど、一夜も欠かさずちゃんとやって来る所を見ると、この女は普通の来方で来るじゃアあるまいと、番匠が内々気をつけて見ると、その女の来た跡が時々ビッショリぬれていることがある。さては毎晩三里の海を泳ぎ渡って来るに違いないが、それにしても真っ暗い夜の海を、よく道を間違えずにやって来られたものだと、なお色々気をつけて見ると、伊豆山の村の裏山の高い山腹に湯野権現が祀ってあって、村では毎晩、必ずそこへお燈明を上げることになっているが、女はそのお燈明の明かりを目あてに通って来るということが分かった。

そうして、六十日七十日とたっても、通って来る女の熱心さに少しの変わりもない。男は今では、何となく薄気味悪くなってきて、どうかしてこの女が来んようにする法はないかと考えて見た。けんども、別にこれといううまい法も考えつかん中に、とうとう九十九夜《よう》さたって、今一夜《よう》さで百晩という日になってしまった。

ところがその夜は雨風が吹き、大暴れがして、これじゃアとても女も来られまいと思われた。けんども今夜一晩休めば、約束に違って、今まで折角九十九夜まで通ったのが全く無駄になるし、あの女のことだから、なんぼひどい荒れでも来まいもんでもないとも思われた。男は、今夜こさ女を来させんようにしなければ、あの気味悪い女をほんとに妻にしなければならんのだと思うと、気が気ではなくて、色々考えた末、女の只一つの目あてである、湯野権現のお燈明を消してしまっておいた。

するとよい塩梅に、その晩に限って女はやって来なんだが、明日朝《あしたなさ》荒れが静まってから見ると、近所の海辺へ、初島の女の死体が打ち上げられていた。きっと昨夜の真っ暗い荒れ海の中で、道に迷って流されたのに違いない。見るとその女の身体は、こけらがいっぱい生《お》いた蛇体であった。

（――静岡県――　土橋里木『甲斐昔話集』郷土研究社　一九三〇）

桑内徳蔵

石廊崎《いろうざき》（静岡県下田市）の帆柱の話だが、江戸時代の話だな。

下田は、関西から江戸へ船がいって、その風待ち港だった。航海していると西の風の日もあればならい（東風）の日もある。石廊崎を境にして、東海岸が荒れている時は西海岸が凪《なぎ》ている。駿河湾を遠州灘から航海してきても、石廊崎までくると、東の風でうんと荒れていることがあるでしょう。そうすると、そこら辺へと錨《いかり》をおろして海の凪るのを待っている。逆に西海岸が荒れるっていうと、西の風が吹いて駿河湾や遠州灘へ行けなゃあわけだな。

今までの航海とくらべると、桑内徳蔵の航海はものすごく速いだなあ。それは徳蔵の力ではなくて、女房の知恵でもって航海しているわけですよ。それはね、早い話が、凪は悪いでしょう。それでね、徳蔵の船の後からついてくるやつはね、

「さあ、徳蔵の船が錨をおろした」

ってわけでね、やっこさんちはね、深い所をね、全部下まで錨をおろしちゃうですよ。そのかわり

船は動かないけどね。桑内徳蔵の船はね、錨をおろしてしまわないで、途中までしかおろさない。錨はね、途中へぶるさがっているわけですよ。それで船がプカンプカンしていて、その間に凪てくるから、ハイすぐに錨を上げて、サァーって走って行けるわけだ。ところが、こっちの船は全部錨をおろしているから、さあそれを巻き上げるに容易でないら。人間でやるだから。そして上げる時分には、桑内徳蔵の船はとんでもない所まで進んでしまうわけだ。そういう航海をした。

ある時、ものすごく凪が悪くて、さすがの桑内徳蔵も往生したあですよ。するとね、海坊主が出て来てね、桑内徳蔵の船の船べりをつかんで、それで徳蔵の船ひっくり返しちゃおうとした。その時に桑内徳蔵がね、

「お前なんてこわくないぞ。こわいのは影がこわい」

って言った。そうしたら、海坊主が手を離して、そして凪が来た。

その航海が終ってから、桑内徳蔵は権現さんに帆柱あげたってな。その帆柱は今も権現さんに上っている。あの権現さんは海の安全の神さんだって。それから縁結びの神さんだって。

それからね、今のヨットの帆ね、向い風だって走るあの帆を考えたのは、桑内徳蔵の女房だって。女房が赤い腰巻を柱につけて、それでもって研究したって。それを現在のヨットがそのまま利用している。だから、桑内徳蔵の女房は海の神さんだって。それで権現さんだ、この辺ではね。

「石廊の権現、亭主の身だわ。祭りたいども身のためだ」って言う。

（――静岡県―― 鈴木暹《のぼる》『伊豆昔話集』岩崎美術社 一九七九）

つなみ●怪異伝承譚

年寄り婆さと津波

とんとんむがしがあったでのう。

それは、ずうっとずっと遠がい昔の話であったでがのう。ある村ね、言い伝えがあったでがのう。山の高いどごに立ってる石塔が一つあったでがのう。そこへ血がつぐど津波くるで、言い伝えがあったでがのう。したども、そごらは津波なんて、誰っても思いもよらねえどごであったでがのう。

そして、そごへ毎日毎日、一人の婆さが行ぐがったどさあ。どうが今日も無事でいでくればいいが、で、のぼって行っては、墓場のぐるわ、ずうっと回っては、

「今日も一づの血のしみもねえが、ほんね今日も無事だ」

で、そういうで帰ってくるんだったでがの。そうすっと、村の悪戯野郎めらが、さあ、ほんね、あの婆さ、まず何しに行ぐったどもで、聞いでってっと、

「こういうこど言うでったい。あの墓地の石塔に血つぐでっと、こごら津波になるど、とんでもねえこどいうでるもの、あるもんだ。ほんね、ひとづいだづらしてくろ」

で、そうして、そごらにいる兎を殺して、その血をそのまま、みんな、石塔のどご塗っておいだでがのう。

「あの婆さ、くっと、ほんねたまげるだい」

そうして隠れで見でだどさあ、したでば、やがて来たでが、

「やれやれ、大層や、たいそや」

で、のぼってきて、そこへつぐど、まだ、墓場ぐりっと回って、

「ああっ、たまげだ、たまげだ。これは大変だ。こんなこどしてどうなるろば、はあ大変だ、大変だ」

でで、転げるように坂おりっていったでんがのう。あどがら、うしろにいで、そんな悪戯野郎めら、手叩いで笑ろでいであったどさ。

そうして、村へ帰るど、

「これがら津波くるさがね、早よ逃げれ。早よ逃げれ」

でで、触れで歩いだども、誰っても本気にしながっだでがのう。

したども、年取った衆は〈そういう言い伝えあるが、本当だかも知れね〉でで、その石塔のあるどこへ、みんな集まってきたでがのう。

そうして、笑うでだ衆は、逃げながったでが。

それが、そんまい夜中過ぎるでっと、ドウドウドウドウドウで、なんか、唸り声が聞こえで、津波押しよせできたでがのう。

そうして、そんま、そごらの村は、もう、その山の上へ逃げだ衆は助かったども、里はみんな家も

小屋も波にさらわってしもだったでがのう。

したさが、むがしの衆は、

「年寄りの言《よ》うこどど、親の意見どナスビの花は、千に一つの無駄もねえ」

でで、そう言《よ》うがったでがのう。

いっつご、むがしがつっさげだ。長門の長淵、ブランとさがった。*

＊語り手・波多野ヨスミさん独自の終わりの言葉。

（——新潟県——　佐久間惇一『波多野ヨスミ昔話集』波多野ヨスミ女昔話集刊行会　一九八八）

赤面《あかつら》地蔵

むがぁし、まずあったと。むがぁしなぁ、一人のほいと[*一]さんがおらって、そのほいとさんは、あっちゃこっちゃに立ってござらっしゃるお地蔵様ぁ見ると、桶こに水たんがえて来ては、わらぁたばねたタワシで、こうしてお地蔵さんの顔ぉきれいに洗う、ほいとさんであったんだと。ほぉで、面《つら》洗いのほいとさんとか、地蔵洗いのほいとさんとかゆわれていたんだけんども、そのほいとさんは福島の人ではねくって、若え《わけ》頃は三陸の方に住んでいた人なんだと。その三陸の浜のすぐそばに、お地蔵様立ってらったんだと。ほぉでその村の年寄《とっしょ》りたちが、

「この地蔵様の面が赤くなったれば、この村亡《ほろ》びるという、ずうっと昔からの言い伝えだぞン」

と語ってきたんだけんども、地蔵様なんて石で出来ている仏様だから、面ぁ赤くなるなんてことは一度もねかった。若え人たちは、

「石でできた地蔵様の面ぁ赤くなることなんてある筈ねえべ。ひとつ、いたずらしてみるか」

となって、ある時山の方さ行って赤土取って来てな、ほぉで地蔵様の顔にベターッとその赤土ぬっ

たくっておいたと。したれば村の年寄りたち、それ、次の日にその地蔵様の面ぁ赤くなっているのを見て、

「だれだぁ、こぉだいたずらしたのは」

ほぉで、皆して桶こに水いっぺえくんで来て、せっせとその赤土洗い落としたれば、また地蔵さんの顔元どおりなったもんで、年寄りたちは、

「やれやれ、えかった」

となって安心して、皆ぁ家さ帰って行ったんだと。ところが、若え者の中で一人たいそういたずらな男がいてな、せっかく赤く塗ったのに、年寄りたちにほれ洗い流されてしまったから、赤土なんぞだと洗い落とされてしまうから、今度はなかなか落ちねえ様なもんで、あの地蔵様の面ぁ塗ってみるか、となって、よつづみ*二という実ぃ取って来るとな、それつぶして、ほぉで地蔵様の顔赤ぁく塗ったんだと。

次の日、村の年寄りたち、はあ、たまげてな。その地蔵さんの面ぁ見たれば、まっ赤になっていたもんだから、

「いやぁ大変《てえへん》だ、もしかしたらまた若えもんのいたずらかもしれねえけんども」

と言いながら桶こたがえて来て、皆してその地蔵様の面ぁ洗ったんだけんども、よつづみで塗ったその地蔵様の面、洗っても洗っても、元に戻らねかったんだと。ほで村の年寄りの人たち、いやぁたまげてしまって、

「これは地蔵様の面まっ赤になってしまったからこの村亡びるんだから、皆家さ帰《けえ》って、荷造りして、

隣村さほれ、出はって逃げて行かねばならねえ」

ほぉでそれぞれの人、荷物まとめて、隣村さ逃げて行くべえと思って、行列作って歩き始めたれば、そのたいそういたずらな男な、山の上さ登って、ぞろぞろぞろ歩っていく村の人たちに向かって、

「あの地蔵様、赤くしたのはおらだぞぉン、よつづみの実で赤くしたんだぞぉン。おどかされて逃げるのはばぁかだぞぉン」

こうゆって、わめいたんだと。したれば村の人たち、

「なあんだ、また若え者のいたずらか、しゃあねえなあ本当に」

と言いながら、いったんは逃げようとしたんだけんど、いたずらではとなってまた戻って来て、それぞれの家に、戻った時であったと。突然の大津波が来て、その村、ひと村、サァーッと波で、海の中さ引き込まれてしまったんだと。助かったのは、その山の上にいた、いたずらな若者一人、その若者がな、

「村は皆ぁ波にさらわれてしまった、家の者もいなくなった。村の者もいなくなった。おらのせいで、ひと村つぶしてしまった」

となって、歩いて歩いて福島まで来て、ほいとになった、それがあの面洗いのほいとさんでな、したからそのほいとさんな、地蔵様の面さえ見ればきれいに洗って歩くほいとさんになったんだと（この話は明治二十九年〈一八九六〉の三陸津波のことだと聞かされてきました）。

＊一　方言で物もらい、物乞い。＊二　ガマズミ。樹高二～三メートルの落葉低木。赤い果実を付ける。

（――福島県――　藤田浩子『かたれやまんば』番外編1　藤田浩子の語りを聞く会　二〇〇四）

園家千軒

昔々、入善町園家《にゅうぜんまちそのけ》（富山県下新川郡）に園家千軒といって、港が栄えていた。その頃、この港町に一人の老婆がいた。この老婆は何でもよく知っているふしぎな人であった。

ある夜のこと、星をみていた老婆は、突然に、「こりゃ大変じゃ。大津波がくる。逃げろ、逃げろ」といって、町中をかけまわった。町の人はおどろいて、「なんちゅうまた。とうとう気が狂うてしもうた」と、誰一人相手にしなかった。

そうすると、突然の海鳴りとともに、大津波が押し寄せ、家も人も皆さらって、なにひとつ見えなくなった。あとには砂丘があるだけであった。今も正月になると園家砂丘の下から、お寺の鐘の音がきこえるといわれている。

なお近くの村椿千軒、大島千軒、石田海岸にも石田千軒、また富山市四方の近くに打出三千軒などが伝えられている。海岸浸蝕の有為転変を語ったものでもあろうか。

（――富山県――　入善町史編さん室『入善町史―資料編』入善町　一九八六）

お亀磯

小松島市（香川県）の港外にお亀磯とよぶ岩礁がある。今は岩だけが残っているが、昔は一つの島で亀島といわれていた。

この島には漁師の家が千軒もあって、俗にお亀千軒とよんでいた。島にはえびす様を祀ってある社《やしろ》があって、その中には鹿の頭も祀ってあった。一人の信心深いお婆さんがたいそう信仰していて毎日参詣していた。

ある夜の夢に、もしえびす様の鹿の顔が真赤になったら島は沈むから、急いで逃げて行けという夢の告げがあった。

そこで、お婆さんは村中の人にそのことを知らせておいた。そこへそれを聞いた若衆の中に、そんなばかなことがあるものかと言うのがいた。

その若衆は町へ行って紅《べん》がらを買ってきて、その鹿の顔へ紅がらを赤く塗りつけた。

翌日になってお婆さんが行って見ると、鹿の顔が赤くなっている。婆さんは驚いてしまって、家族をみんな連れて船に乗って逃げて行ってしまった。村では若衆が紅がらを塗りつけたのを知っていたから、だれも島から逃げようとしなかった。

ところが二、三日たってから、大きい地鳴りがして、島は海中深く沈んでしまった。今に残るお亀磯はその島の一部だけが海中から突き出ているのだという。

（――香川県―― 武田明編『四国路の伝説』第一法規 一九七二）

水を呉れ

昔ある浜辺の一部落に、大津波が来るとの噂が立った。しかし多くの人々はこれを信じなかった。ただ老人はこういったことをよく信じていたので、若者の理屈を排して山へ避難した。若者達は、

「何そんなことがあるものか」

と言って逃げようとしなかった。ところがある晩果して、大津波が来た。そして居残った者は皆大海原へ運び出されてしまった。

数年は経った。白い骨が幾つも幾つも波打際に打ち寄せられた。何の供養もされないで。ところがそれから毎夜毎夜、海岸でうめき声がする。これを見届けたものはないが、どこからともなく、

「咽喉《のど》が渇いた、水を呉れ、呉れ」

という声が聞えて来る。それで村人達はついに、先に無慚の死を遂げた人々の霊が迷っていることに気附いて、経をあげて貰ったら、その翌日からは全く声が無かったという。


(――静岡県――　静岡県女子師範学校郷土史研究会『静岡県伝説昔話集』谷島屋書店　一九三四)

猩々ヶ池

昔、八幡の町（宮城県多賀城市）は、「上千軒、下千軒」と呼ばれ、大いに繁盛していたが、そのころのことである。

一軒の酒屋があり、こさじという下女がいた。この酒屋へ顔が赤く、全身に毛が生えた猩々《しょうじょう》*が来て、酒を飲ませよと仕草をし、酒を出すと飲みほし、盃《さかずき》に血を遺して立ち去った。

猩々の血は高価なものであった（または、遺した血が銭になった）。強欲な酒屋の主《あるじ》は猩々を殺して血を採り、大金を得ようとした。

それを知ったこさじは猩々を憐れみ、次に訪れたときそのことを告げた。猩々はそれでも酒が欲しい、もし殺されたらその三日もたたないうちに津波がおしよせるから、そのときは末の松山に登って難を避けよという。

猩々が酒屋を訪れると、主夫婦は大酒をすすめ、酔いつぶれた猩々を殺し、全身の血を抜き採り、屍《しかばね》を町の東にある池の中に投げ棄てた。

その翌日、空は黒雲に覆われてただならぬ様子となったので、こさじは猩々が語ったことに従い、末の松山に登って難を避けた。

この津波で繁盛していた八幡の町は、家も人もすべて流されてしまった。猩々の屍を捨てた池はのち「猩々ヶ池」と呼ばれるようになった。

＊猩々　海から出てくる妖怪。酒好きで、能、歌舞伎に出てくる。

（——宮城県——　多賀城市史編纂委員会『多賀城市史』3　多賀城市　一九八五）

津波と人魚

むかし、石垣島の白保《しらほ》（沖縄県石垣市）の村に、だれもいない野原《のばる》というところに、村八分にされて一人で住んでいる若者がいたんだと。

ある日、漁をしようと浜に出て、海に網はって引き上げたところ、大物がかかっている。見たら、人魚が泣いているんだって。そして、人魚がいうには、

「わたしを許して、海に放してくれれば、そのかわりあんたにいいことを言おう。私のいうとおりに聞きなさい」

って。若者は人魚を放してやった。

「いついつの朝、津波がくるから、高い所に逃げなさい」

と、人魚は言って海にきえた。

人魚のはなしをきいた若者は、「自分ひとりだけ助かってはいけない」と、白保の村に行って、

「いついつ津波がくるから、高い所に逃げなさい」

って伝えたんだと。

ところが村人は、村八分の若者のはなしに耳をかたむけなかったんだと。

二、三日したら、潮がぱあっと引いてしまって、東の海岸がからからになり、岩場には魚がポトポト、ポトポト跳ねている。村じゅうが喜んでエビやタコをとり、魚をとった。

その晩、魚をごちそうになって眠ったところが、翌朝、ざあっと波があがってきたんだって。そのとき村には千人あまりの人がいたが、たった二十八名しか生き残らなかった。

人魚の言うことを信じた人は助かったんだと。

(——沖縄県——　米屋陽一責任編集『おかつ新三郎ふたりがたり』悠書館　二〇一三)

津波から守った鎮守さま

この前の大正六（一九一七）年の津波の時、猫実《ねこざね》、堀江[*一]では犠牲者が四十四人出たのよ、津波のために亡くなった人が。その当時はね、家屋もほんとのこと言《ゆ》ってね、貧弱なね、家屋だったけども。ま、だから、津波は葛西[*二]の方から砂町[*三]の方からずうっと、船橋では五十四人死んでんだから。だけど当代島《とうだいじま》[*四]にはそういうふうな犠牲者もなければ、流失家屋もなかった。

水は被ってね、相当にもう難渋したけども。わたしら小学校一年の時でわかんなかったけれども、結局、鎮守さまが守ってくれたんだと。うちの亡くなった安政六（一八五九）年に生まれた爺さんなんぞ、やっぱり鎮守さま、すぐそばだったから、

「なんだってな、鎮守さまのな、稲荷さまの狐、ずいぶん鳴いたっけぞ」

って。

「おらほのな、稲荷さまの狐はな、白狐だからな、コーンって鳴くだ。野狐ってのは、ギャーって鳴くだ」

って。

「それな、ずいぶんな、コーン、コーンってな、津波くん前にな、二、三日前から鳴いてたぞ」

って。

「なにかあんじゃねえかと思ってた」

ってこと、よく言《ゆ》ってたけどね。そのために、うちの方では人身的な犠牲は出なかったし、流失家屋も出なかったと。

今の、表の鳥居は、大正十年に、それから四年後にね、村の人たちが、立てたっていうのは、その時の鎮守さまの恩返しじゃねえかなあと、おいらの解釈ではね。

＊一　猫実、堀江＝千葉県浦安市。＊二　葛西＝江戸川区南部。

＊三　砂町＝江東区東部。＊四　当代島＝千葉県浦安市北部。

（——千葉県——　米屋陽一編『浦安の世間話』青弓社　一九九二）

妻のたましい

むがす。

遠野の土淵《つぢぶぢ》（岩手県遠野市）に福二《ふくじ》ず人いでな、この人の兄貴は、北川清っていって、土淵の助役をした人だったずす。お爺さんず人は、学者さんで、いろいろど本を書えで、村のためにつぐしたような人だったんだど。

この福二、歳ごろの若ぇ者になった時、海の近ぐの「田の浜」ずどごさ、婿《むこ》に行ったんだど。それがら、わらすにも何人が恵まれで、おだやがに暮らしていだったず。

とごろが、明治二十九（一八九六）年のごどだ、三陸大津波があったべ。福二の家は、海のそばだもんな。妻《がが》どわらすど、津波にさらわれですまったんだど。家も流されだず。

福二、ががどわらすに死なれてすまって、われも後を追《ぼ》っかげで行きてうんたったずども、そうもしてられね。後さ残ったわらすも、ふたりいだったがら、流されだ屋敷後さ、ぺっこな小屋を建でで、父《とど》とわらすふたりど、どうやこうや暮らしていだったんだど。

そうやって、一年ばりたった、夏の初めのころだったず。

ある時、福二、夜中に便所さ起ぎだんだど。便所は外便所で、波のしぶきが、足元さかかるような海のそばを、歩いでいがねばねがったず。

その夜は、月ごど明るぐ照っていだったずども、霧のかがった夜だったずもな。

福二、そごを歩いていでば、霧の中を、男と女子《おなご》の二人連れが歩いでいだったんだど。福二、ふたりを見て、「はっ」としたず。なんだが、その女子に見おぼえのあるような気してな。

そごで福二、そっこど二人の後をばっかげで行ったず。そうやって、ずぅーと船越村の方までぼっかげでって、だんだんに、だんだんに近づいで、よーく見でば、間違いね、なんとその女子は、ががだったんだど。

福二、ががに死なれでがらどいうもの、恋しくて会いたくて、夢にまで出できたがが、今、目の前の、手の届くようなどごさいるわげだ。思わずががの名前を呼ばったず。

「キヨー！」

その声に、ががが、振り返って、福二の方を見て、にこっと笑って、言ったず。

「おら、今、この人ど、夫婦《めおど》になってらもの」

その男は、同じ村の男で、やはり一年前の、津波にさらわれで死んだ男だったず。だれが言ったわげでねぇ、うわさだったずども、その男は、福二が婿に入る前に、まだ娘っこだった福二のががど、互いに思いをよせあった仲の男だったず。

福二、気持ちおだやがでねじぇな、ががさ、

「お前、わらす、めんごぐ（可愛く）ねのが」

って言ってば、がが、その言葉にさっと顔色（つらいろ）を変えで、ザメザメーと泣ぇだんだど。そのありさまは、死んだ人が泣ぇでるようでも、死んだ人がそごさいるようでもね、まるで現実の本当のごどのようで、福二、情げなくてせつなくて、がっくりと肩を落として足元さ目やったんだと。

その間《ま》に、男と女子のふたり連れ、足早にそこを去って、ずぅっと小浦《おうら》ずどごさ行ぐ方の山かげさ入って、めんなぐなったず。

福二、あわででふたりをぼっかげだずもな。

ほだども、なんぼが行ったどごで、ハッと、

「ああ、あのふたりは、死んだものだ」

って、気づいで、ぼっかげるのをやめだんだど。

それから、福二、すぐにはそごを動ぐ気になれなくて、ふたりがいなくなった方をながめながら、いろいろと考えごとをして、ずうっとそごさ立っていだったんだど。そして、夜が白々と明げできてがら、やっと家さ帰えったず。

その後、福二、具合悪《あんべ》ぐなって、すばらぐ病《や》んだんだどさ。


（——岩手県——　米屋陽一責任編集『大平悦子の遠野ものがたり』悠書館　二〇一四）

解説

大島廣志

山や海の自然は、山に生き、海に生きる人々に生きるための恵みをもたらせてくれた。当然のごとく、人々は恵みをもたらす大いなるものとして、「山の神」や「海の神」への畏敬の念を持つ。だれしもが大いなるものをあなどることは死に結びつくと考えた。したがって、死は日常の眼前にあるのだから、山や海での常でない現象については特に注意を払う必要があった。そうした生活背景が、さまざまな不思議な話、怪異伝承を生み出してきたのである。

村々を訪ねると、過去の歴史を説明する伝説や、子や孫に聞かせる楽しい昔話よりも、本当にあった不思議な体験・伝聞を聞くことの方が圧倒的に多い。なかでも狐や狸に化かされたという話は日本中で語られている。語り手自身が隣り村での法事の帰りにみやげのテンプラを狐に取られたとか、村のある爺さまは狐に化かされて同じ道を何度も往復していたとか、実際にあった話としてまことしやかに語られている。狐話は〈ムラ〉の怪異伝承の代表といってよいのだが、本書では「やま」「うみ」「かわ・ぬま」「つなみ」という自然と人間に関わる怪異伝承に限って集めてみた。

〈「やま」の怪異伝承〉は、山で働く人々、もしくは山で暮らす人々の伝えている不思議な体験・伝聞談である。東京都西多摩郡檜原《ひのはら》村倉掛の藤原ツヂ子さん（二〇一七年三月没）は山の怪異伝承を語る名手であった。ツヂ子さんは檜原村山中の茗荷平で生まれ、幼いときから父の大久保徳二郎さんに山の不思議話をたくさん聞かされて育った。狼が山のあちこちにいたという話、狼から逃れる方法、罠にかかった狼を助けたところ、夜中になると鹿や兎を届けて恩返しをしてくれたという話、天狗にさらわれた人の話、ほおなでという化け物の話、蛇除けの方法など、猟師と隠れ医者のようなことをしていた徳二郎さんは、近隣の村を歩き回り、毎日のように新しい話を仕入れてはツヂ子さんに聞かせたという。[*一]

隣接する旧小河内村から徳二郎さんに嫁いできた母親のハンさんからは、「座敷わらし」の話を聞いたという。「座敷わらしは、一寸法師みたいな人間で、頭に髪の毛が一本もなくってね、まるで昔のキューピーみたいで、それで泣いたり、笑ったり、それが一つならいいけど、見えるときは五つも六つも来た」といい、座敷わらしが泣き出すと家が落ちぶれる前ぶれで、実際に落ちぶれた家があったという。

藤原ツヂ子さん（高津美保子氏撮影）

檜原村は東京都とはいえ、山々が連なる山村であるから柳田國男の『遠野物語』を思わせるような話も語られていた。ちょっと以前の山のくらしでは、怪異伝承は身近な話であり、生活の一部でもあった。

ツヂ子さんは「山の神のお宮さんの近くでは枯木一本拾ってきてはだめ。山の神はすごく欲深いから恐るの。お宮さんの近くで炭焼きをしていた人が大けがをして、それから炭焼きをやめて大工になった」という。山に生きる人々は、山の神の気に入らないことをすると罰が当たると考えていた。

山の神を恐らせることはタブーであったのだ。マタギ（猟師）の里で知られる秋田県北秋田市阿仁のマタギは、「山小屋に泊ったとき、朝飯食べる前には、口笛を吹くな、唄をうたうなっていう。山神が嫌うだすべ。薪を焚くときでも、逆《さか》さぎれくべるなという。ま、みんな山神様を怒らせねようにってことだべす[*二]」と語っている。嫁がお産のときには山へ入るなといわれており、実際に嫁のお産のときに山に入った人が仲間にいると鉄砲がこわれたり、殺したと思っていた熊が急に生き返ったという例があるという。山の神のなせる業であった。

山の恵みを受けているという生活背景と、山には神がいるという精神風土の中で山の民は生きてきた。これは〈「やま」の怪異伝承〉のすべてにいえることで、〈「やま」の怪異伝承〉の根幹でもある。

〈「うみ」の怪異伝承〉は、海に生きる人々が語り継いできた不思議な話である。海に生きる人々の日々は荒れ狂う海との戦いであったので、航海の安全のために海の神を敬い、かつ恐れた。死は日常にある。危険な状況のときに何をしたらよいのか、何をしたらよくないのか、それを海に生きる人々は不思議な話に託したのである。海坊主や幽霊船は出現するとかつてはだれしもが信じていた。しかし、信じない者もいた。信じない者には死か災いが待っているのであった。

九州の島々の漁師たちの間では、海にシキという幽霊が出ると語られている。シキに憑かれると急に船は動かなくなり、魚が獲れなくなるという。シキは船の回りを白くするともいわれている。[*三]この海の現象について魚博士の末広恭雄氏は「海の表面に淡水の層が生じたような場合、こういったところに船がさしかかると、いくら漕いでも前に進まない。それは表層の淡水と、その下層の海水との間に一種の流れが出来て櫂や櫓の運動を無にしてしまうからである。[*四]」と科学的に分析している。しかし、海の特異な現象について漁師たちは、海で死んだ人の仕業であると理解する。それが自然な説明であり、海に生きる人々の持つ共同の幻想なのである。

新潟県佐渡島の漁師たちは、海にさまよう霊をボウコといって怖れている。ボウコとは亡魂であるだろう。だまされて金を奪われた挙句に海に沈められた旅人の霊はボウコとなり、いつまでも海の中にあって、今も行き交う船に「友崎はおらぬか」と声をかけ、犯人を探している。名前を呼ぶ霊は四国高知にもいる。本書所収「梅吉を出せェ」がそれだ。特定の個人を目指して現れるのは幽霊の特徴でもある。

海に生きる人々は、自らの日々が死に直面しているから、死者の霊に鋭敏になる。そして、死者の霊により海の怪異はもたらせると考えていた。漁師たちが海で溺死者に遭遇すると、作法にのっとって船に引き上げ、手厚く葬るのは根底に災いを怖れる気持ちからであろう。

日本中の漁師の間で語り継がれているモチーフに「柄杓貸せ」の海の中の声がある。さまざまな海の妖怪が「柄杓貸せ」と声をかけてくる。柄杓を貸すと船に柄杓で水を入れられ、船は沈没する。しかし、妖怪の言葉を拒否できない。どんな災いがあるか分からないからである。そこで柄杓を貸すときには底のない柄杓を渡すのだという。海に暮らす人々の海を怖れる話は尽きない。

〈「かわ・ぬま」の怪異伝承〉は水辺の不思議な話。水辺に出没する妖怪の代表は河童である。今でも川の危険な場所には河童の画の立札を立て、川の危険性を訴えている。川遊びで誤って水死をすると、河童に尻子玉を抜かれたと死の原因を河童に帰した。河童話でもっとも有名なのは、河童が馬を水中に引き込もうとして失敗する「河童駒引き」だ。力の強い馬に引きずられているのを人間に見つかった河童は許しを乞う。逃がしてあげたお礼として、薬の製法を教えてくれたり、毎日魚を届けてくれたり、河童はさまま

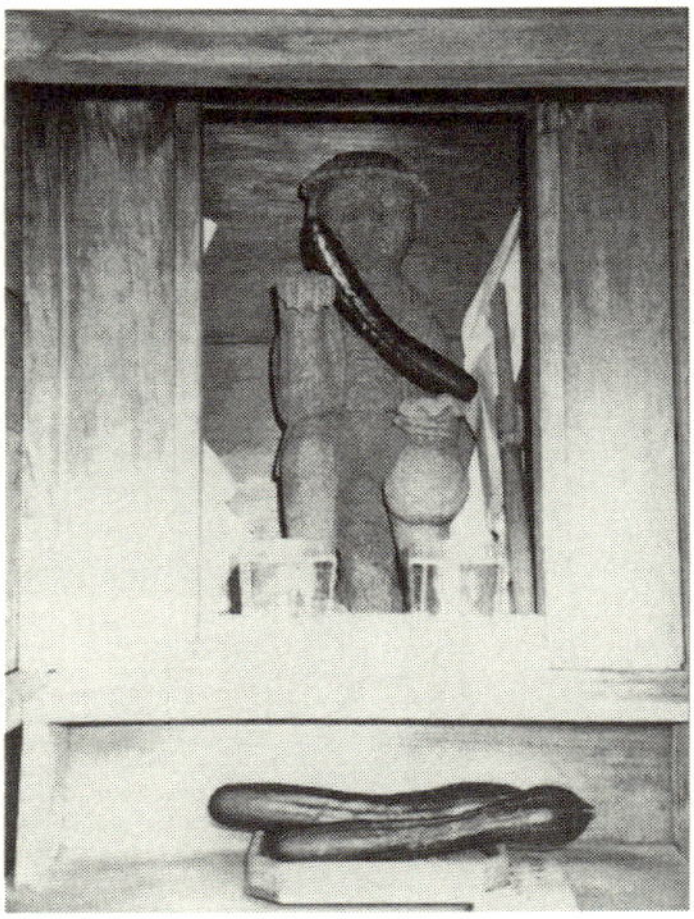

「福かっぱ大明神」(島根県隠岐郡)

ざまなお礼をしてくれている。

島根県隠岐郡隠岐の島町でも、腕を切り落とされた河童は腕を取り戻すために、二度と悪さをしないと約束している。その河童は「福かっぱ大明神」として祀られ、キュウリを供え「オン、カッパ、ヤ、ソワカ」と河童真言を唱えて大明神に祈願すると、家内安全、商売繁昌、水災難除のご利益があるという。[*五] 川や沼には水の神がいる。その水の神は信仰心の薄れとともに妖怪化するものもあった。神と妖怪の間《はざま》に、人間と関わる数々の不思議話が生まれたのであろう。

二〇一五年の関東・東北豪雨をはじめとして、近年大規模な水害が頻繁に起きている。かつては大きな被害をもたらせた洪水を白髭水《しらひげみず》と名付けて後世に伝えていた。白髭の爺さまが水害を予告し、洪水のときには水の上に白髭の爺さまが乗っていたという。白髭の爺さまは水の神そのものであろう。災害という忘れてはならない記憶を、怪異伝承として伝えているのである。

〈「つなみ」の怪異伝承〉も忘れてはならない不思議な話。津波の話を怪異伝承というのは適当ではないかもしれないが、伝承地でさえ津波の話が忘れ去られている現実があるので、記憶しておきたい話として提示した。

古来から有名なのは大分県別府湾の瓜生島《うりゅうじま》沈没伝承である。島のエビス神の顔が赤くなったら島が沈むという言い伝えを信じる老婆がいた。言い伝えを信じない医者はいたずら心からエビス神の顔を赤く塗る。

老婆の一族はじめ言い伝えを信じる者たちは、島を出て命拾いをする。信じなかった者たちは、島とともに海に沈んでしまったという。

老婆・神（地蔵）・若者・いたずら・生死という共通の語で語られる伝承は日本の各地に残っていた。場所を変え、津波伝承はあちこちで語られていたのである。同じモチーフは紀元前の中国の書にもあり、平安時代の『今昔物語集』（巻十―三十六）や鎌倉時代の『宇治拾遺物語』（巻二―十二）にも中国の話として紹介されている。いたずらな若者により山の卒都婆《そとば》が赤く塗られ洪水が起きたという古典の内容は現在の日本の伝承と一致している。モチーフの借用があったとしても、大切なことは、土地土地の災害伝承として語り継がれてきたことである。人命損失という大きな被害をもたらせた事実を後世に伝えるための手段として災害伝承は生まれた。

安政元年（一八五四）の大津波の話として小学校教科書に載っている「稲むらの火」（和歌山県）があり、明治二十九年（一八九六）の「三陸大津波」の後日談として「赤面地蔵」（福島県）「妻のたましい」（岩手県）がある。三・一一（二〇一一年）の東日本大震災の記憶が風化しつつあるという今日、多くの災害伝承を語り継いだ先人の知恵を生かすことはできないであろうか。

［注］＊一　高津美保子編『藤原ツヂ子の世間話』（『民話と文学』二七号）　民話と文学の会　一九九五
＊二　『民話と文学』三号　民話と文学の会　一九七八
＊三　関山守彌『日本の海の幽霊・妖怪』　自刊　一九八二
＊四　末広恭雄『魚と伝説』　新潮社　一九六四
＊五　『民話と文学』三四号　民話と文学の会　二〇〇六

（おおしま・ひろし／國學院大學文学部兼任講師）

装丁◉坂田政則
カバー写真◉井上喜代司
（石垣島「マユンガナシ」）

大島廣志（おおしま・ひろし）
1948年東京生まれ。國學院大學で野村純一の指導を受け、口承文芸学を学び、全国各地の昔話を記録する。小泉八雲、近代における外国昔話の受容と展開、現代伝説の分析等についての論文がある。著書『民話—伝承の現実』（三弥井書店）、編著に『野村純一　怪異伝承を読み解く』（アーツアンドクラフツ）など。國學院大學兼任講師。

やまかわうみ 別冊
怪《かい》異《い》伝承《でんしよう》譚《たん》
—やま・かわぬま・うみ・つなみ—
2017年10月15日　第1版第1刷発行

編　者◆大島廣志《おおしまひろし》
発行人◆小島　雄
発行所◆有限会社アーツアンドクラフツ
東京都千代田区神田神保町2-7-17
〒101-0051
TEL. 03-6272-5207　FAX. 03-6272-5208
http://www.webarts.co.jp/
印刷　シナノ書籍印刷株式会社

落丁・乱丁本はお取り替えいたします。
ISBN978-4-908028-22-9　C0039

●●●●●　好評発売中　●●●●●

昔話の旅　語りの旅

野村純一 著

雪女や鶴女房、天女の話、鼠の嫁入りなど、昔話を採集・研究した口承文芸・民俗学の第一人者のエッセイ集。「抑えのきいた文体の底に、いくつもの発見」（赤坂憲雄氏評）

四六判上製　二九六頁

本体 2600 円

「採訪」という旅

野村敬子
粂　智子 編

女川騒動、浄瑠璃姫、梅若丸、静御前、八百比丘尼、山姥、大人弥五郎譚など、各地にのこる伝説・伝承を、20人の女性たちが伝説の地を訪ね、掘り起こす。

四六判上製　二八〇頁

本体 2000 円

芭蕉の旅はるかに

海野　弘 編

江戸中期に東北・北陸、東海道を旅した芭蕉。その句作の旅の三百年後に、俳句の成立した背景を求めて足跡をなぞる。郷土資料を渉猟し、土地の風物に触れる。写真七十点。

四六判並製　二二四頁

本体 1700 円

武蔵野を歩く

海野　弘 著

北は埼玉・野火止用水から南は町田・小野路かくれ里まで。『荻窪風土記』や『武蔵野夫人』の小道を辿り、『太平記』や新撰組の跡を追う。百年を経て、現代版『武蔵野』が誕生。　写真百点

二七六頁

本体 1900 円

桜伝説

大貫　茂 著

継体天皇、藤原鎌足などの神話・宮中伝説、戦国武将と桜伝説など全国127ヵ所の名木を紹介。「全国くまなく配置された桜案内は、実に贅沢なものとなっている」（図書新聞）

四六判並製　二四八頁

本体 2000 円

＊定価は、すべて税別価格です。